KB274535

성령치유능력 목회 세미나 교재

성령치유목회

성령치유 능력목회 연수원

오 명 근 목사 저

도서출판 한글

머 리 말

저는 부족하기만 한 사람입니다.

모든 면에서 목사답지도 못하고 어느 모로 보더라도 쓸모가 없는 사람이건만 하나님은 이렇게도 못난 사람을 존귀하게 사용하시며 저를 통하여 남다른 특별한 은사를 나타내시는 것을 생각하면 그저 감사하고 감격할 뿐이랍니다.

불신 가정에 태어나 초등학교 3학년 때부터 누님을 따라 조그마한 시골 교회에 열심히 다녔으며 제 나이18세 고등학교 2학년 시절 저를 교회로 인도해준 그 누님 신변에 큰 이변이 생긴 일 때문에 하나님이 살아 계시다는 것이 믿어지지 않고 오히려 하나님이 무한히 원망스럽기만 하여 그만 교회를 떠나 절간에 들어가 중(승려)이 되리라는 마음을 먹고 도리사(挑梨寺)라는 절간에서 3개월간 삭발을 하고 불경 공부를 해 보았으나 어쩐지 제 마음이 편치 않고 가슴이 터질 듯 괴롭기만 하여 정말 하나님이 살아 계시다면 한번 만나보자는 생각과 하나님께 단단히 항의를 해볼 작정으로 그 당시 호랑이를 잡았다고 하는 가야산(伽倻山) 청암사(靑岩寺) 깊은 계곡에 들어가 기도 같지도 않은 7일간의 단식기도를 한다면서 눈도 감지 않고 하늘을 향해 주먹질을 하며 "하나님아! 있소 없소! 만약에 하나님이

4

살아 있다면 한번 나타나 보란 말이야! 보지도 못하고 만나지도 못하는 하나님을 내가 어찌 믿으란 말이냐? 하나님아! 있으면 여기 나타나 보시라구" 이런 식으로 하나님이 믿어지지 않기 때문에 하나님께 마구로 욕지거리를 하고 삿대질을 하고 협박을 하였습니다.

참으로 하나님은 좋으신 분이십니다. 그처럼 버릇없고 불경스러운 이 놈을 벌하지 않으시고 기도를 시작한 지 7일째 되는 새벽에 이미 몸에 수분은 땀으로 눈물로 소변으로 다 빠져나가 탈진상태가 되어서 계곡에 처박혀 있는 저를 찾아와 주셨고 보여 주셨습니다.

굴뚝 속같이 깜깜하고 어두웠던 온 산천이 갑자기 수만 볼트 전기조명을 비추기나 한 듯 환히 밝아지면서 발에 끌리는 빛나는 흰옷을 입으시고 허리에 금띠를 두른 예수님이 제 앞에 오셨습니다. 그때 저는 두렵고 떨렸습니다. 할말을 잃었습니다. '이분이 예수님이다'라고 느껴지는 순간 '이제 나는 죽었구나' 하는 생각이 들었습니다. 지금까지 안 믿어진다고 하여 마구로 주님을 욕하고 주먹질을 했던 것 등 죽을죄를 지었기 때문입니다. 감히 머리를 들고 주님의 얼굴을 쳐다볼 수는 없었지만 예수님이 오신 것이 틀림없었습니다.

저는 죽은 듯이 쓰러져 있었는데 주님이 제 머리에 손을 얹으셨습니다.

"사랑하는 종아! 내가 너를 안다! 이제부터 네가 무엇을 구하든지 내가 다 들어주리라!" 하시는 주님의 음성을 똑똑히 들었습니다. 지금도 그 음성이 제 귀에 들려오고 있습니다.

그때에 저의 몸은 불덩어리가 되었습니다. 그때 저는 주님으로부터 직접 안수를 받은 것으로 믿습니다. 그때에 저는 불을 받았고 능력의 은사가 임했습니다. 그때 이후로 지금까지 45년이란 세월이 흘러갔어도 주님이 제게 일러주신 말씀은 변함이 없으며 지금도 주님과 영적인 대화를 갖는 깊은 기도 중에는 제가 구하는 대로 다 들어 주시는 주님이십니다.

아멘 할렐루야! 생각하면 바로 그때의 체험이 제게 있어서는 첫 번 입신기도였었으며 그 일 후에도 지금까지 여러 차례 주님을 만나 대화하는 깊은 영적 기도인 입신기도를 드려오고 있습니다.

예수 이름으로 기도하면 앉은뱅이가 일어나고 소아마비, 중풍증, 위암, 자궁암, 간경화 등 불치의 중병들이 많이 치유되는 것을 경험하고 있습니다. 지금까지 45년간 목회의 길을 걸어오면서 지난 1995년에 「성령치유 능력목회 연수원」을 설립하고 지난 4월에 제40기 세미나를 인도하기까지 세미나 수료 회원이 약 3,000명이 넘습니다.

본 책자를 발행하게 된 것도 목회자들이 세미나에 참석하기가 어렵고 하여 세미나에 오지 않아도 본 책자를 읽기만 해도

되도록 세미나에서 강의했던 내용그대로를 수록 출판하게 되었습니다.

그러므로 목회자는 누구나 이 교재 책자를 읽으시기만 하면 2박 3일간 세미나 교육을 받는 효과가 있으리라고 확신하는 것입니다.

본 책자는 제가 직접 컴퓨터로 타이핑하여 출판에 넘겼기 때문에 편집에 오자나 띄어쓰기 등 오류가 있을 것으로 생각합니다. 양해해 주시기 바라는 바입니다.

본 교재 책자가 발행되기까지 물심양면으로 도와주신 성남 산성중앙교회 김상경 장로님께 감사를 드리며 지금 제가 시무하는 반송교회의 서정세 장로님, 우시하 장로님의 도와주신 은혜에 감사하는 바입니다.

곁에서 항상 기도하며 힘이 되도록 도와준 제 아내 김옥연 사모, 아들 오홍은 전도사에게도 고맙다는 인사말을 전해야 하겠습니다. 본 「성령치유 능력목회 연수원」의 조직 임 역원 여러분의 헌신적인 협력에도 감사를 드리며 지금까지 제가 치유부흥회를 인도한 700여 교회 목회 동역자들과 제가 인도하는 목회자 치유목회 세미나에 오셨던 약 3,000여 명의 목회자 회원 여러분께도 감사하다는 인사를 드리는 바입니다.

2003년 11월 11일

오 명 근

목 차

개강예배 설교

치유목회의 능력자가 되려면?

요한복음 14: 12-14, 마태복음 18: 18

목회자인 우리가 치유목회의 능력 있는 목회자가 되려면 어떻게 해야 되겠습니까? 이론적으로 말한다면 하늘의 문, 능력의 문이 열려져야 합니다. 어떻게 하면 하늘의 문, 능력의 문이 활짝 열릴까요?

이것은 가만히 앉아 잠이나 자는 그런 사람에게 저절로 쉽게 열리는 것은 아닙니다. 간절히 구하고, 힘써 찾고, 최선을 다해 두드리는 기도가 있어야 되는 일입니다.

기도하지 않는 목회자가 어디 있겠습니까? 간절히 구해도, 힘써서 찾아도 최선을 다해 문을 두드려도 열려 지지 않고 아무리 기도해도 병이 고쳐지지 않는 것은 왜 그런 것입니까?

오늘 본문말씀 요한복음 14:12-14에 예수님께서 말씀하시기를 "나를 믿는 자는 나의 하는 일을 저도 할 것이요, 또한 이보다 더 큰 것도 하리니"하셨습니다. 예수님이 이렇게 말씀 하셨으니 그분이 절대로 거짓말 을 하실 분이 아니시니 이 말씀대로 반드시 되어야 하며 더욱이 우리 목회자들에게는 예수님의 이 말씀처럼, 마태복음 9:35에 예수님이 하셨던 일인 복음 전하는 일, 가르치는 일, 사람들의 병을 고쳐주는 치유사역의 일 바로 이러한 일을 반드시 시행해야 할 것이며, 또한 이보다 더 큰일도 할 수 있어야 되는 것 아닙니까?

그리고 예수님이 "너희가 내 이름으로 무엇을 구하든지 내가 시행하리니" 하셨습니다. 그렇다면 목회자들이 하나님께 무엇이든지 구하기만 하면 틀림없이 하늘 문 이 열리고 기적이 일어나고 병이 고쳐져야 되는 것입니다. 그런데 모든 목회자마다 하늘의 문, 능력의 문을 열게 하지는 못하니 왜 그런 것입니까?

여기에 반드시 해결되어야 할 문제가 있는 것입니다. 목회자가 기도해도 하늘의 문, 능력의 문이 열려지지 않게 하는 장애 요소들이 가로막혀 있기 때문입니다.

이와 같은 여러 가지 장애요소들을 과감히 제거하지 못하면 유능한 목회자라도 매번 불치병, 난치병이 고쳐지는 기적의 문, 능력 의문은 열려지지 않는 것입니다.

그러면 그 장애 요소들이란 어떤 것들입니까?

첫째, 치유사역에 대한 신학적인 편견과 비판의식 입니다.

자신이 치유사역의 기적적인 능력을 이해할 수 없거나 성령의 은사체험이 없는 터라 많은 신학자들의 논리적인 주장과 이론적인 반박이 치유사역자들의 자신 없는 주장과 이론보다 더 호응을 받게 되고 치유사역자들이 신학자들의 신학적 이론과 논리주장을 뒤엎을 만한 치유사역의 이론과 신학적인 주장을 할 수 없기 때문에 치유 사역 등 은사활동에 자신이 없고 거부감을 가지게 되며 따라서 남들의 비판의식을 갖게 되므로 치유목회를 해야 할 많은 목회자들이 소극적인 자세를 취하게 되고 또는 무조건적으로 비판세력에 동조해 버리게 되니 바로 그런 것들이 하늘 의문, 능력의 문이 열리는데 장애요소가 되는 것입니다.

우리는 이것을 과감히 깨뜨려야 합니다. 은사를 거부하는데 은사가 임할 리가 있겠습니까?

옛날이나 지금이나 "경건의 모양은 있으나 경건의 능력은 부인하는 집단(딤후 3:5)"은 성령을 훼방하는 무리들인 것입니다. 우리는 이러한 무리들을 따르지 말아야 합니다.

또 하나 성령의 은사를 실제로 체험 못한 이론가들의 성령 은사론에 대한 성경해석상의 오류와 선입관 때문에도 하늘 문이 열리지 않게 됩니다.

마태복음 18:18에 "무엇이든지 너희가 땅에서 매면 하늘에서도 메일 것이요 땅에서 풀면 하늘에서도 풀리리라"했습니다.

매여 있는 것을 풀어야 합니다. 그것이 곧 하늘의 문, 능력의 문이 열리는데 장애 되는 것을 제거하고 깨뜨리는 것입니다.

우리는 이번 세미나에서 치유사역의 신학적인 성서적인 이론과 원리를 정립하여 많은 편견과 비판의식을 깨뜨릴 수 있기를 바랍니다.

둘째, 목회자 자신에 대한 부정적이고 과소 평가적인 자세입니다.

마치 치유사역의 능력이란 아무나 하는 것이 아니라 어떤 특별한 은사자만 할 수 있는 것이라고 생각하면서 자신은 할 수 없다고 생각하는 그릇된 선입관과 고정관념에 사로잡혀 목회자 자신이 부정적이고 과소 평가적인 자세를 가지게 되므로 하늘의 문, 능력의 문이 열리지 않는 것입니다.

그러므로 주변에 다른 사역자들의 능력 행함을 경이의 눈으로 보게 되고 사도행전 28장에 나오는 대로 손에 독사가 물고 매달렸으나 손이 뚱뚱 붓지도 않고 독사의 독으로 당장 죽지도 않고 바울의 손이 조금도 상하지도 않는 것을 보고 멜리데섬의 토인들이 놀라서 바울을 신이라 한 것처럼 바로 우리들의 모습이 그렇지 않았습니까?

또한 마술사 시몬처럼 돈을 주고라도 능력을 사고 싶은 심정이었으니 바로 우리들의 영적 무식과 은사무지에서 오는 현상이 아니겠습니까?

사도행전 14:11-12 에 루스드라의 앉은뱅이를 일으킨 바울과 바나바를 보고 "신들이 사람의 형상으로 우리 중에 내려왔다"고 외치던 무리들처럼 성령의 능력과 치유사역의 역사에 대하여 무지하기 때문에 자신을 비하하고 부정적으로 과소평가하는 생각을 하게 되는 것입니다. 이는 또 질병 치유의 기적이 일어나는 이유와 성령의 나타나 역사하시는 현상을 이해하지 못하고 깨닫지 못하여 그런 것입니다.

치유능력에 대한 신학적인 성서적인 논리와 이론에 무지상태에서는 치유사역의 확신과 자신 있는 용기를 가질 수가 없으며 그럴 때에 능력의 문이 활짝 열리지를 않는 것입니다.

능력의 원천은 하나님이십니다. 100% 능력은 위에 있으며 우리는 기도하는 사역자요 하나님의 종으로서 믿음으로 기도하면 하나님께서 고쳐주시는 것입니다. 믿으시기 바랍니다.

나는 아직 안 된다 하는 부정적인 생각을 버리고 믿음으로 나도 할 수 있다(빌4:13) 나도 질병을 고치는 기도를 한다. 자신과 용기와 담력이 있어야 하는 것입니다.

셋째, 실패를 두려워하는 마음 때문입니다.

치유사역의 기적은 나의 능력으로 내 재주로 하는 것이 아니요 전적으로 하나님의 능력이며 성령사역이라는 사실을 생각하지 않고 목회자 자신이 하는 것처럼 생각하기 때문에 남들의 비판을 의식하게 되고 기도해도 병이 안 고쳐지면 어떻게 하나 하는 두려운 마음 때문에 하늘의 문, 능력의 문이 열리지 않게 되는 것입니다.

우리는 이번 훈련세미나를 통하여 성령님을 전적으로 의지하는 믿음의 훈련을 하고 성령의 역사와 악령의 역사에 대한 분명한 신학적인 원리를 정립하고 성령의 은사에 대한 확신과 영적 능력에 대한 충분한 지식을 갖추어서 실패를 두려워하는 약한 마음들을 탈피하고 치유사역에 대해 강력하고 확실한 자신감과 용기를 가져야 할 것입니다.

미국의 훌러신학교 세계선교대학원 교수인 피터 와그너(C. Peter Wager)박사는 치유사역의 장애요소를 극복한 경험을 다음과 같이 말하고 있습니다.

1) 믿음이 없고 의심이 가더라도 치유사역은 시도해야 한다.

2) 나도 병을 고치는 기도를 할 수 있다는 자신감과 확신을 가지라.

3) 하나님은 내가 치유사역을 시도할 때에 역사해 주신다.

4) 성공률은 실패와 더불어 점점 증가한다.

5) 치유가 당장에 이루어지지 않아도 치유는 이미 시작되었고 축복은 이루어진 것으로 믿어야 한다.

6) 경험하고 배우면 배울수록 더 많은 것을 배우고 훈련 받아야 함을 알라.

7) 많은 기적과 표적을 보고도 때때로 의심에 빠질 수 있다.

피터 와그너 박사는 치유사역이나 성령의 능력에 대하여 20여 권의 책을 저술하였고 직접 치유사역을 수없이 시행하여 놀라운 기적의 능력을 많이 나타내고 있습니다. 만약에 우리 목회자들이 여러 가지 장애요소를 극복하지 못하여 치유사역에 임하지 못하고 하늘의 문, 능력의 문이 열리게 하지 못한다면 이는 곧 하나님의 주권과 능력을 과소 평가하거나 부인하는 결과를 빚게 되는 것입니다.

세미나에 참석하신 목회자 여러분!

이번 세미나를 통하여 치유 사역에 장애되는 모든 요소를 과감히 제거해 버리고 확신이 없던 이들은 놀라운 믿음의 확신이 생겨서 그 믿음의 확신이 치유능력으로 이어지게 될 것을 믿으시기 바랍니다. 또 은사체험이 부족한 이들에게는 이번 세미나를 통하여 여러 가지 은사체험이 불일 듯 일어날 것을 믿으시기 바랍니다.

사명감에 불타는 목회자 여러분!

이번 세미나 훈련 기도를 통하여 여러분의 각종 문제가 반드시 해결되고 하늘 문이 열리고 치유능력의 문이 활짝 열리게 될 것을 축원 드립니다.

치유목회는 성령의 능력으로 하는 것입니다. 그러기에 치유사역이란 이론만으로는 안 되는 것이요 치유사역의 방법, 테크닉이 필요한 것입니다.

그리고 테크닉을 아무리 잘 배우고 숙지한다 해도 성령의 은사가 없이는 안 되는 것입니다. 성령의 은사를 체험하기 위하여 금식기도, 작정기도, 철야기도 등 온갖 노력을 했으나 안 되었습니다. 왜 그렇습니까? 그 이유 중에 하나가 목회자들이 가장 쉬운 이치인 은사의 개념부터 잘못 알고 있다는 것입니다.

은사는 다시금 받는 것이 아닙니다. 은사를 주시옵소서! 은사 받기를 원합니다, 이런 기도는 하지 않아도 됩니다.

고전 12:7 에 은사는 "각 사람에게 성령이 나타남이라"고 했습니다.

성령의 은사는 이미 우리 속에 내재(內在), 내주(內住)로 와 있는 것입니다. 많은 목회자들이 은사를 특별히 받으려고 할 필요가 없습니다. 성령의 능력, 성령의 은사는 이미 우리 속에 와 있는데도 이를 믿지 않고 나타내지 못하고 적용하지 못하고 있는 것입니다.

"주여! 나로 하여금 성령이 능력으로 나타나시도록 성령의 통로가 되게 하옵소서! 나의 입을 통하여 나의 손을 통하여 성령님이여 나타나시옵소서!"

하고 우리는 이렇게 기도해야 하는 것입니다.

여러 가지 장애요소가 제거되고, 믿고 간절히 기도하면 성령님은 나타나십니다. 또 나타나게 되어 있습니다. 믿으시기 바랍니다.

성령을 받아도 성령이 와 있어도 이를 믿지 못하고 의심하거나 거부감을 가지거나 믿음의 용기가 부족하거나 여러 가지 장애요소가 막혀 있으면 성령은 나타나지 않는 것입니다.

치유능력은 이미 내 속에 내주(內住)하시는 성령님이 나타나게만 하면 되는 것입니다. 이 원리를 터득하기만 하면 치유능력은 어떤 특정인이 아니라도 나를 통해서도 나타날 수가 있는 것입니다. "나도 할 수 있다." 하면 된다"이 믿음을 가지시기를 바랍니다.

질병은 우리를 파괴하며 정신적 신체상 활동을 재한 시키며 고통과 죽음을 가져다 줍니다. 하나님은 우리의 정신이나 육체는 무시한 채 영혼만 귀히 여기시지는 않으십니다. 왜냐하면 예수님은 이 땅에 계실 때에 많은 병자들을 치유하셨고(마 9:35) 친히 모든 질병을 짊어지셨습니다.(마8:17)

우리 목회자들은 예수님의 지상사역의 계승자이므로 예수님의 지상 2대사역인 복음전파 사역과, 질병치유 사역을 계속하여 담당해야 할 사명자들입니다.

예수님의 치유명령의 말씀들을 찾아보십시다.

마 10:7-8, 눅 10:9, 마 10:1, 요 14:12,

치유사역은 성서적인 근원을 파고들면 하나님에 의해 계획

되어졌고, 하나님에 의해 시행되어졌고, 결과는 하나님께 영광을 돌리게 되는 일입니다.

우리가 목회하는 모든 교회 안에도 각종 질병에 걸려 고통당하는 성도들이 많은 실정입니다. 이방종교, 귀신종교에도 치유가 있는데 최상의 종교라는 우리 기독교가 하나님의 교회의 목회자들이 질병을 못 고치고 치유사역을 안 한다면 되겠습니까?

이번 세미나훈련을 통하여 참석한 여러 목회자들이 모두가 자신 있는 치유사역, 능력 있는 치유목회를 성공적으로 해 낼 수 있기를 축원 드립니다. 축원 드립니다.

제 1 강

치유목회학(治癒牧會學)

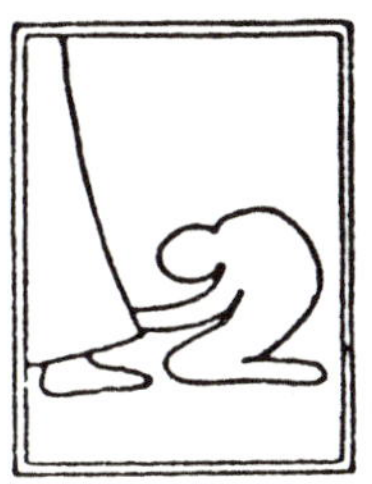

1. 치유목회는 왜 해야 하는가?

1) 치유목회

치유목회는 목회자가 목자가 양을 치는 것처럼 하나님의 자녀들을 진리로 가르치며 그들의 각종질병(마음의 병, 정신적인 병, 육체의 병, 환경의 병, 영적인 병, 영혼의 병)을 치유하며 목회하는 것을 말한다.

성서신학이나 조직신학이나 역사신학 등의 학문은 진리를 발견하여 그 진리를 옹호하고 가르치는 것을 목적으로 하고 있으나 치유목회학은 발견된 진리를 신자의 생활 속에 실제로 실천 실행케 하는 데 치중하며 오히려 더 구체적이고 실제적인 신학이라 할 수 있다. 모든 신학이 이 치유목회학에서 열매를 거두게 된다.

물론 치유목회가 목회자 목회의 전부는 아닐지라도 목회활동에 있어서 빼놓을 수 없는 목회자가 반드시 실행해야 하고 적용해야만 하는 중요한 일이다.

목회자가 목회 대상인 현대인들에게는 더욱이 교회 안에 와 있는 신자들이나 중직자들 중에도 온갖 질병들을 앓고 있는 현실이다. 이들을 치유하는 목회를 하지 않는다면 아무리 목회자가 설교, 교육, 심방, 행정, 정치 등에 능한 자라도 그를 완전한 능력 목회자라고 할 수는 없을 것이다.

2) 치유목회는 하나님의 뜻이다.

시편 103:3 "저가 네 모든 죄악을 사하시며 네 모든 병을 고
치시며" 하나님이 인간의 모든 죄를 용서하시고
모든 질병을 고치신다는 것이다.

출애굽기 15:26 "나는 너희를 치료하는 하나님이니라"
하나님은 치료의 하나님이 시라는 것이다.

누가복음 9:1-2 "예수께서 열두 제자를 불러 모으사 모든 귀
신을 제어하며 병을 고치는 능력과 권세를 주
시고 하나님의 나라를 전파하시며 앓는 자를
고치게 하려고 내어보내시며" 예수님이 12제
자를 전도하러 내어보내시며 모든 귀신을 제
어하고 병을 고치는 능력과 권세를 주셔서 질
병에 시달리는 자들을 치유하게 하셨다는 말
이다.

누가복음 10:9 "거기 있는 병자들을 고치고 하나님의 나라가
가까웠다 하라"

야고보서 5:14-15 "너희 중에 병든 자가 있느냐 저는 교회의
장로들을 청할 것이요 그들은 주의 이름으로
기름을 바르며 위하여 기도할지니라 믿음의

기도는 병든 자를 구원하리니 주께서 저를 일으키시리라"

마태복음 10:8 "병든 자를 고치며 죽은 자를 살리며 문둥이를 깨끗하게 하며 귀신을 쫓아내되"

마태복음 8:17 "주께서 우리의 연약함을 친히 담당하시고 우리의 모든 질병을 짊어지셨도다"

이러한 말씀들을 보면 치유사역은 하나님의 뜻이며 하나님이 하시는 일이라는 것을 알 수가 있다.

3) 치유목회는 능력목회이다

치유목회에 있어서 능력의 원천은 하나님이며 목회자 사역자는 그의 종이며 하나의 도구일 뿐이다. 치유사역은 그 하나님의 능력으로 되어지는 것이다. 그리고 그 능력은 성령의 은사로 나타나게 된다. 그러므로 치유사역자는 누구나 먼저 각양 성령의 은사를 체험해야 한다.

성경은 창세기에서 요한계시록까지 인류의 가장 큰 문제인 죄악과 질병과 죽음으로 고통 당하는 인간을 구원하고 치유하여 영육간 온전한 하나님의 형상으로 회복시키는 이야기들이라 할 수 있다. 우리 목회자들은 성경에서 하라는 것은 반드시 해야 하고 하지 말라는 것은 절대로 해서는 안 된다. 성경이 옳은 것은 목회자들도 옳은 것이요 성경이 그렇다고 하는 것이면 다른 이의를 제기할 수 없는 것이다. 치유사역은 명백한 성서적이며 곧 능력목회의 한 방법인 것이다.

몇 년 전 전남 순천에 ○○기도원 치유부흥회가 있었다. 그때에 시작하는 첫 시간부터 미리 리어카를 타고 들것에 실려서 집회장소 맨 앞자리에 와서 누워있는 중환자가 있었다. 얼른 보아도 짐작이 갈 만큼 죽을 시간만 기다리는 위암 환자였다. 이튿날 낮 공부 시간에 몇 가지 치유상담을 통해 그 환자 속에 치유능력에 대한 믿음이 있다는 것을 발견하고 그를 위해 특별히 치유기도를 하기로 했다. 알고 보니 그 환자는 위암 수술을 두 번이나 받은 바 있고 세 번째 위암이 재발되어 더 이상 수술이 불가능하다는 진단을 받아 죽을 때만 기다리며 버려진 사람이었다.

가슴 복부에 손을 얹어보니 딱딱한 암 덩어리가 위장, 폐, 간, 쓸개, 십이지장 등 일부분을 완전히 덮은 작은 냄비 뚜껑만한 돌덩이 같은 것이 손에 닿았다. 의학적으로 도저히 살 수가 없는 환자였고, 그 근방 소도시의 ○○교회의 49세 김집사였다. 너무 불쌍하고 안타까운 마음이 있어 믿음으로 치유기도를 했다. "예수 이름으로 성령의 능력으로 이 사람 속에 암세포가 죽어지고 사라질지어다. 돌덩이같이 손에 만져지는 이 암 덩어리가 녹아져 버리고 이병이 예수 이름으로 깨끗이 고쳐질지어다"하며 치유 명령 기도를 했다.

그 순간 김집사가 자리에서 벌떡 일어나 앉으면서 화장실에 가고 싶다 하여 몇 사람 가족들이 부축해서 화장실로 가서 표현하자면 시꺼먼 혈변을 한 대야쯤 쏟았다. 예배당으로 돌아올 때는 김집사가 혼자 힘으로 펄떡 펄떡 뛰면서 "목사님 살았어요 내 병이 다 나았어요" 하며 들어왔다. 다시 눕히고 만져보니 그 돌덩이가 없어졌다. 암을 정복하고 질병이 고쳐졌다. 그 김집사는 지금도 건강하게 살면서 교회의 일등 봉사자가 되었다.

이것이 하나님의 능력이며 기적이 아니겠는가? 이것이 곧 기적적인 능력목회라는 것이다.

4) 치유목회는 능력 전도이며 교회부흥의 길이 된다.

경기도 연천군 J교회에서 치유부흥회가 열렸을 때에 그 교회 피아노 치는 여자집사의 11살 나는 아들이 말 못하는 벙어리에 귀머거리로 특수학교에 다니고 있었다. 이 아이가 어느 낮 공부시간에 교회에 와서 이리저리 뛰어다니며 너무 시끄럽게 하는지라 그 아이를 앞으로 끌어내어 치유기도를 하였다.

귀머거리로 날 때부터 말을 듣지 못하여 말을 못 배웠으니 벙어리까지 되었다고 진단을 하고 먼저 양쪽 귀에 두 손을 대고 "예수 이름으로 성령의 능력으로 이 아이의 청각이 소생하고 달팽이관의 기능이 회복되고 귀 고막이 되살아날지어다, 소리가 들릴지어다. 에바다— 에바다— 예수 이름으로 귀가 열릴지어다" 하고 기도했다. 그 순간 아이의 귀가 열렸다.

갑자기 아이가 옆에서 "영식아" 하고 부르는 어머니의 소리에 놀라서 귀를 두 손으로 막고 펄떡 펄떡 뛰면서 울었다. 11년 동안 전혀 소리를 듣지 못하던 아이가 갑자기 귀가 열리고 보니 보통의 소리도 천둥소리나 폭탄이 터지는 소리같이 들린다는 것을 깨닫고 휴지를 뜯어 말아서 그 아이의 두 귀를 막아주었다. "아멘! 할렐루야! 주님 감사합니다" 하고 다시금 말문이 열리도록 입을 기도했다.

"예수 이름으로 성령의 능력으로 이 아이의 성대가, 어눌한 혀가 풀릴지어다. 말문이 열릴지어다 아멘" 하고 기도했는데 이 아이가 아멘이라는 말을 따라 하는 것이었다. 하나님, 아버지, 주여 감사합니다. 이런 말을 더듬더듬하지만 잘도 따라 했다. 그 아이가 이제는 분명히 귀머거리도 아니요 벙어리도 아니다. 고쳐진 것이다. 옆에서 그 어머니 집사님이 감격하여 통곡을 했다.

그 아이의 아버지가 예수를 믿느냐? 물었더니 교회에 안 나온다는 것이다. 가서 아버지를 모셔 오라 했더니 어머니가 그 아이를 데리고 달려나갔다. 잠시 후에 그 아버지가 왔다. 아이가 말하는 것을 보더니 시키지 않는데도 "목사님! 나 예수 믿겠습니다. 교회에 나오겠습니다." 하고 작정고백을 하더니 그 날 저녁시간에 집안 대소가 형제식구 7명을 함께 데리고 교회에

온 것이다. 한 아이에게 나타난 치유능력은 한 집안 온 식구를 전도하게 된 능력전도가 되었다.

병든 사람들이 하나님의 능력으로 치유 받게 되면 믿지 말라고 하더라도 자연히 예수를 믿게 된다. 치유능력은 전도에 효과가 있다는 말이다. 만약에 교회에서 질병 치유사역이 없다면 기독교가 최상의 종교라고 할 수가 없을 것이다.

전남 광양시 K교회에서는 치유부흥회 기간 중에 교회가 배가로 부흥하는 역사가 일어났다. 50여 명 모이는 조그마한 농촌교회이다. 어느 시간 그 교회에 연세가 80이 넘는 허리가 180도로 꾸부러지고 머리가 발 밑까지 가있는 심한 꼬부랑 할머니가 짚고 다니던 지팡이를 창문 밖으로 던져 버리고 "내 허리가 펴질 줄 믿습니다. 기도해 주십시오" 하며 앞으로 나오는 것이었다. 6·25때 폭탄을 맞아 허리가 꾸부러진 채 40년이 되었다는 것이다.

교회 아래 강단에 누우라고 했더니 벌레처럼 돌돌 말린 채 옆으로 누웠다. 그 할머니의 꼬부라진 허리에 손을 대고 "예수 이름으로 성령의 능력으로 이 할머니 40년간 꼬부라진 이 허리가 꼿꼿이 펴질지어다. 꾸부러진 척추관절이 정상으로 돌아오고 늘어나고 꼬부라진 인대 연골이 제자리로 돌아갈지어다. 허리는 펴질지어다" 하고 반복해서 몇 번을 기도하는데 꼬부라진

할머니의 허리가 점점 펴지기 시작하면서 두 다리를 쫙 벋치며 꿈틀꿈틀 하더니 얼마 후 허리를 쭉— 펴고 배를 깔고 엎드렸다.

그 할머니는 "내가 40년 만에 처음으로 배를 붙이고 엎드렸다"면서 감격해 했다. "아멘! 할렐루야!" 두 손을 잡고 일으키니 벌떡 일어나 허리를 펴고 꼿꼿이 서게 되었다. 기적이다. 하나님의 능력을 우리 모두가 볼 수가 있었다. 하나님께 영광을 돌리며 모두가 힘차게 박수를 쳤다.

이 할머니가 그 길로 기뻐 뛰며 동네로 가서 "나를 보라 나를 보라" 하며 전도를 해서 그 인근 부락까지 소문을 내어 그때 그 집회에서 꼬부랑할머니들 8명을 기도했다. 기도하는 대로 허리가 펴지고 그들이 모두 예수 믿기로 결심을 하였다.

그 일 후로 저녁시간은 동네의 믿지 않는 사람들이 교회로 몰려오는지라 부흥회 프로그램을 바꾸어 저녁시간은 전도설교를 하고 전도집회를 하여 그들 중에 허리디스크, 신경통, 관절염, 각가지 질병들을 치유기도하고 그들이 예수를 믿기로 결심 카드를 기록해냈는데 그 집회기간에 67명의 새 교인을 맞게 되었다. 말 그대로 치유능력이 능력전도가 되었고 교회가 배가 이상으로 부흥하게 되었다.

이처럼 치유목회를 하면 저절로 전도가 되고 따라서 교회가 부흥하게 된다. 그러므로 치유목회는 21세기를 맞는 교회성장형 목회전략에 꼭 필요한 것이라고 생각한다.

5) 치유목회는 예수님의 지상목회사역의 계승이다

예수 그리스도는 지상 최대 최고의 위대한 목회자시다. (요 10:3, 10:4, 10:9, 10:11,15,)

요한복음14:12-14" 내가 진실로 진실로 너희에게 이르노니 나를 믿는 자도 할 것이요 또한 이보다 더 큰 것도 하리니 너희가 내 이름으로 무엇을 구하든지 내가 시행하리라."

예수님이 이렇게 말씀 하셨다. 그렇다면 이 말씀은 사실로 이루어져야 한다. 주님의 종 목회자들은 예수님이 하신 일과 꼭같은 기적적인 사역까지도 계승하여 할 수 있어야 하는 자들이다. 이것이 목회자들의 능력이나 기술이 아니라 예수님께서 할 수 있다고 하셨으니 그 예수님의 이름으로 성령의 능력을 행하는 것이다.

예수님의 하신 일이 무엇인가?

마태복음 9:35 "예수께서 모든 성과 촌에 두루 다니사 저희 회당에서 가르치시며(교육사업), 천국복음을 전파하시며(전도사업), 모든 병과 모든 약한 것을 고치시더라(치유사역, 봉사사업)"이다.

4복음서 안에 예수님의 치유사역을 기록한 것이 마태복음에 25건, 마가복음에 16건, 누가복음에 27건, 요한복음에 5건, 총 75건이나 기록되어 있다. 이는 예수님의 공생애의 1/3, 복음서의 1/5의 분량이 예수님의 치유사역의 기록이다.

이처럼 예수님의 지상 사역중 치유사역이 이렇게 많은 것은 우리 목회자들이 예수님이 친히 모범을 보이신 치유사역을 본받고 계승해야 할 의무와 책임이 있음을 알아야 하겠다.

마태복음 28:18-20에 "예수께서 가라사대 하늘과 땅에 모든 권세를 내게 주셨으니 이 능력의 권세를 너희에게 주노라 가서 모든 족속으로 제자를 삼으라 모든 병을 고치라"고 말씀하셨으니 이는 우리 목회자들이 예수님의 목회사역 치유사역을 계승하여야할 사명자임을 잘 말씀하고 있다.

2. 치유 목회의 필요성

출애굽기15:26에 "나는 너희를 치료하는 여호와임이니라"

치유사역은 하나님의 뜻이며 복음적인 기독교의 치유목회는 성경적이며 신학원리에 맞는 것이다. 치유목회는 하나님과 단절된 온갖 질병을 안고 지옥으로 갈 백성들을 하나님의 자녀로 옮겨놓는 거룩한 사역이다.

치유사역은 하나님에 의해 계획되고 하나님에 의해 시행되며 결과적으로 하나님께 영광을 돌린다. 하나님은 많은 일꾼들, 사역자들로 하여금 하나님의 자녀들을 돌보고 치유하며 온전한 구원에 이르도록 적극적으로 지원하신다.

이와 같은 하나님의 뜻을 모르거나 무시하는 목회자를 선한목자라 할 수는 없을 것이다. 하나님은 그런 자들을 책망하신다.

에스겔 34:4,5,21에 "너희가 그 연약한 자를 강하게 아니하며 병든 자를 고치지 아니하며 상한 자를 싸매어 주지 아니하며 쫓긴 자를 돌아오게 아니하며 잃어버린 자를 찾지 아니하고 다만 강포로 그것을 다스렸도다 목자가 없으므로 그것이 흩어지며 흩어져서 모든 들짐승의 밥이 되었도다. 너희가 옆구리와 어깨로 밀뜨리고 모든 병든 자를 뿔로 받아 무리로 밖으로 흩어지게 하는도다"

이것이 선한 목회자가 할 일이겠는가?

마태복음 5:42,43,45, "내가 주릴 때에 너희가 먹을 것을 주지 아니 하였고 목마를 때에 마시게 아니하였고 병들었을 때와 옥에 갇혔을 때에 돌아보지 아니하였느니라 하시니--지극히 작은 자 하나에게 하지 아니한 것이 곧 내게 하지 아니한 것이니라 하시니라"

이처럼 치유목회, 치유하는 목양에 무관심하고 소홀히 하는 목회자를 주님은 엄히 책망하셨다. 우리 목회자는 하나님의 종이며 예수 그리스도의 종이다. 목회자는 목회자의 대 스승이신 예수그리스도가 친히 모범을 보이신 목회사역을 본받아 계승해야 할 의무와 책임이 있는 것이다.

1) 왜 치유목회를 해야 하는가?

마태복음 9: 35에 예수님의 지상 3대사역이 가르치신 교육사업, 복음을 전파하신 전도사업, 모든 약한 자와 병든 자를 고쳐주신 치유사업, 이었으며 그 중에서도 치유사역은 가장 많이 하셨고 예수님은 병자들의 병을 고쳐주시는 일을 잘도 하시었다. 그런데 오늘날 목회자들이 치유사역 분야를 병원 의사들에게 고스란히 넘겨주고 말았다. 왜 그렇게 되었는가? 그 이유를 생각해 보자.

첫째는 AD 313년에 콘스탄틴(Constantine)대제가 기독교를 국교화했을 때에 카타콤에서 박해받고 지하에 숨어 있던 교인들이 신앙의 자유를 얻게 되니 그래도 극소수 뜨거운 공동체를 이루어 기도하고 병자를 치유하고 성령의 역사를 나타내던 이들이 황제가 기독교인이 되고 온 세상이 기독교인이 되고 보니 차츰 차츰 뜨거운 은사기도와 성령의 능력 역사가 줄어들게 되었고 결국은 기도해서 성령의 능력으로 치유하던 사역자 체도 점점 희미해지고 무기력해 지고 말았던 것이다.

둘째는 신학자들의 옳지 못한 신학이론 때문이다. 본래 신학이란 반드시 필요한 것이요 있어야 하는 것이다. 그런데 중세에 토마스 아퀴나스(Thomas Aquinas)라는 신학자가 있어서 당시 전 세계의 기독교에 막대한 영향력이 있던 대신학자였다. 대개 그 당시의 신학이란 이방 철학사상 이론에 바탕을 두고 신학논리를 전개했었다.

토마스 아퀴나스는 아리스토텔레스(Aristoteles)를 끌어와서 그 철학이론 위에다 신학을 정립한 사람이다. 이것이 문제인 것이다. 아리스토텔레스 철학은 한 마디로 '증명철학'이다. 눈에 보이지 않는 것은 진리가 아니므로 인정할 수 없다는 것이다. 반드시 무엇이나 증명이 되고 눈으로 보고 확인되어야만 그것이 진리며 지식이요 철학이라는, 이러한 이론 바탕에 신학을 세워 짜 맞추다 보니 성령의 역사도 하나님의 능력도 보이지 않는 것이라 하여 부인했던 것이다.

이때부터 교회의 풍토가 기도해서 병이 치유되고 성령의 능력으로 기적적인 축복이 이루어진다는 이런 사실을 전면 부인하게 되었던 것이다. 오히려 기도해서 병이 낫는다고 하는 자를 무신론자요 무식한 민간인들의 소리일 뿐 지식이 있고 철학이 있고 신학이 있는 사람들에게는 있을 수가 없다고 하여 목회자에게 있어 중요한 치유사역을 제외시켰고 칼 바르트(Karl Barth) 같은 당시 복음주의 신학자나 존 칼빈(John Calvin) 마틴 루터(Marthin Luther) 같은 보수주의 신학자들도 토마스 아퀴나스의 신학이론에 동조하여 "기적적으로 병 고치는 역사가 나타난 것은 사도시대에 교회를 세울 목적으로 잠깐 동안 나타났으나 그 후 사라져 버렸다"라는 이론을 펼쳤다.

이러한 신학 이론 때문에 교회에서 치유사역이 사라져 버린 것이다. 이제는 우리 목회자들이 예수님의 지상 3대 사역 중의 하나인 치유사역을 병원의 의사로부터 되돌려 받아와야 하는 것이다. 이것이 치유 목회이다.

실례를 들어보자. 얼마 전 미국 시카고에 있는 전인치유병원의 유명한 뇨만(Niomane)이라는 원장 의사가 양심선언을 했는데 이러한 고백을 했다.

"나의 병원에 많은 환자들이 찾아오는데 내가 양심적으로 고백한다면 내가 치료할 수 있는 환자는 외상 환자일 뿐이며 그 외 모든 환자는 교회의 목사가 치유해야 할 환자들이다."

라고 했다. 한 가지 예를 들면 사람이 다른 사람을 미워하고 증오심을 품게 되면 반드시 얼굴이 벌겋게 달아오르면서 이때에 위장벽이 동시에 벌겋게 충혈된다고 한다.

이는 분노에 의해 몸 안의 피가 갑자기 끌어올라 뇌의 한 작용으로 염산백신이 평소보다 20배 30배 만들어져서 그것 때문에 위장이 충혈이 된다는 것이다.

염산백신은 그 성분이 매우 무서운 것이라 한다. 사람이 증오심과 분노로 화가 나고 신경질이 될 때에 이로 인해 분비되는 염산백신을 모아 20mm유리판 위에 한 방울을 떨어뜨리면 그 유리판에 구멍이 뚫린다고 한다. 평소에는 위장 속의 음식을 분해하고 소화시킬 만큼의 분량으로 분비되지만 심한 분노와 신경질 울화통이 치밀 때는 평소보다 20배 30배로 분비되어 이 독한 염산백신이 위장벽에 달라붙게 된다. 그러면 위장이 쓰리고 따갑고 고통스러운 위염이나 위암 같은 위장병이 된다는 것이다.

이럴 때에 미란다, 겔포스, 훼스탈, 노르모산 같은 소화제나 위장약으로 완전한 치료가 되겠는가 하는 것이다. 상식적으로도 올바른 치료방법이 못된다. 그러니 이런 병은 교회의 목사가 예수 이름으로 고쳐야 한다. 이것이 치유목회이다.

반대로 사람이 불안과 절망과 깊은 근심에 빠져 고민하게 되면 얼굴이 창백해지면서 이때에 위장도 창백해지게 되고 이러면 위장 속에 음식물을 분해시키고 소화할 만큼의 분량의 염산백신조차도 분비가 되지 않게 되고 이럴 때에는 위장에 있어야 할 피가 다 빠져나가서 위장이 창백해지며 이때 위장벽이 썩는다고 한다.

이렇게 된 위장병을 병원 의사가 약물로만 고칠 수 있겠는가 말이다. 그러니 이런 병은 교회의 목사가 고쳐야 하는 것이다. 이런 병을 고칠 수 있는 명약을 목회자들에게 예수님이 주셨다.

행3:12의 말씀대로 "은과 금은 내게 없거니와(겔포스 훼스탈은 내게 없거니와) 내게 있는 것으로 네게 주노니 곧 나사렛 예수 그리스도의 이름으로 걸으라(예수 이름으로 성령의 능력으로 위장병은 고쳐질지어다)" 이렇게 하는 것이 치유사역의 테크닉이고 방법이다. 그러므로 목회자는 반드시 치유사역을 해야만 하는 것을 알 수가 있다. 그 이유는,

첫째, 만일 목회자들이 병든 자를 위하여 치유사역을 하지 않는다면 하나님 앞에 와 있는 많은 치유될 수 있는 사람들이 치유 받지 못하고 죽는다. 이는 목회자의 책임이 아니겠는가?

둘째, 치유 받은 사람은 저절로 하나님께 영광을 돌리고 감사한다. 그러니 목회자들이 치유사역을 하지 않으면 하나님의 영광 받으실 길을 막아버리는 것이 되지 않겠는가?

셋째, 하나님의 능력은 주님의 제자들이 병든 자를 치유할 때에 나타났다. 만약에 목회자들이 치유사역을 하지 않는다면

하나님의 능력, 하나님의 주권을 약화시키는 결과를 빚게 되지 않겠는가?

넷째, 치유목회는 능력목회, 능력전도이며 교회 부흥의 요소가 된다. 만일 목회자들이 치유사역을 하지 않는다면 교회부흥을 막아버리는 것이 되지 않겠는가?

다섯째 치유목회의 궁극적 목적이 하나님의 나라가 땅에서도 이루어지도록 하는 것이니 그 주체적인 표징의 하나가 사탄마귀의 멸망과 추방이다. 질병은 사탄마귀가 우리 인간을 속박하는 수단 중의 하나다. 치유사역은 사탄마귀를 멸망시키고 몰아내는 사역이다. 그러니 우리 목회자들이 치유사역을 하지 않아서 되겠는가?

2) 치유목회 세미나는 왜 하는가?

(1) 치유사역의 보편화를 인식시키고자 함이다.

치유사역 치유목회는 카리스마적 특정인만 하는 것이 아니다. 목회자라면 누구나 예수 이름으로 성령의 능력으로 치유사역 치유목회를 할 수가 있는 것이다. 목회자라면 누구든지 이렇게만 한다면 성서적, 신학적, 역사적, 영적인 원리를 바로 배워서 훈련하여 그대로만 한다면 치유사역은 할 수 있는 것임을 인식하고 믿어야 한다.

요한복음 14: 12-14에 예수님께서 말씀하시기를 "나를 믿는 자는 나의 하는 일을 저도 할 것이요 또한 이보다 더 큰 것도 하리니" 하셨다. 예수님이 이렇게 말씀하셨다면 반드시 그렇게 될 것이 분명하다. 예수님 하신 일이 무엇인가? 예수님 하신 일 중에 가장 많이 하신 일이 병을 고치는 치유사역이었다. 그러므로 목회자는 예수님이 하셨던 치유사역을 누구나 할 수 있게 되어 있다는 것이다.

(2) 올바른 치유사역을 가르치고자 함이다.

잘못된 치유사역, 문제되는 치유사역, 비성서적인 치유사역도 우리 주변에는 많이 행해지고 있는 실정이다.

H기도원 원장이라는 여전도사는 성령수술이라 하며 환자의 병 부위를 심하게 때리기도 하고 그 부위를 손톱으로 긁어서 찢어 피를 내고 병 덩어리를 끄집어낸다고 하며 그래서 생긴 상처에는 밀가루 반죽한 것을 붙이기도 하는 그런 안수기도를 한다. 그리고 성령의 생수라고 하며 원장이 안수해서 솟아난 생수를 먹게 하여 병을 고친다고 하기도 한다. 잘못된 비성서적인 치유사역의 실례이다.

T기도원 원장이라는 권사는 안수기도를 받으러 오는 모든 사람을 눕혀놓고 두 엄지손가락으로 두 눈을 짓누르고 눈알이 빠지는 것 같은 통증을 호소하면 귀신이 들었다 하고 더 심하게 눈을 찌르는 식으로 안수기도를 한다. 이도 잘못된 치유사역일 것이다.

S교단 소속 C사는 몸 안의 병마 귀신을 몰아낸다고 하며 환자의 창자가 끊어질 만큼 배를 심하게 짓누른다. 처음에는 손가락으로 누르다가 자기 손이 아프면 주먹을 쥐고 누르고 그래도 안 되면 환자의 배 위에 올라가서 무릎으로 눌러댄다. 이 얼마나 무모한 행동인가? 잘못된 문제의 치유사역이라 할 것이다.

어떤 사람은 환자의 귀에서 피가 나오도록 손가락으로 두 귀를 찌르는 치유사역을 행하고, 어떤 이는 팔, 어깨, 등, 배, 다리, 아랫배, 심지어 얼굴까지 손바닥으로 짝짝 소리가 나도록 환자의 병 부위를 심하게 때리기도 한다. 온몸에 피멍이 들고 피부를 칼로 오려내는 것 같은 아픔을 호소하면 그래야 된다 하며 수십 번 혹은 수백 번을 두드리고 때린다. 그래서 병을 고친다는 것이다. 이외에도 우리 주변에는 잘못된 치유사역들이 많이 있을 것이다.

우리 세미나에서 가르치는 성령치유 사역은 최면술이나 정신력이나 기(氣)에 의한 치료가 아니며 의학적인 의술로 기술로 안마로 지압으로 병을 고치자는 것이 아니다.

치유사역은 성서적으로 신학적으로 원리에 어긋나지 말아야 한다. 치유에는 누구의 능력인가가 중요하다. 치유기도 하는 사역자의 누르고 때리고 찌르는 힘에 정비례하여 능력이 들어가는 것도 아니다. 그렇다면 더 많이 때리고 더 많이 눌러야 할 것이다. 치유사역자의 손에 능력이 붙어 있는 것도 아니다. 그

손안에 능력이 들어 있는 것도 아니다. 속지 말라.

치유가 되는 능력은 100% 위에만 있는 것이다. 하나님 손안에 들어 있다. 하나님이 성령을 통하여 역사하신다. 우리 사역자는 말 그대로 사역자, 기도자, 주의 종, 성령의 도구일 뿐이다. 그분의 이름으로 치유기도를 했을 때에 병이 고쳐져도 그분이 고치신 것이요 안 고쳐져도 그분이 안 고치신 것이다. 우리 사역자 목회자들은 질병치유 능력의 원천을 진정으로 깨달아야 한다.

그래서 이번 세미나를 하는 것이다. 올바른 치유사역의 원리를 바로 배워서 치유사역을 올바르게 행사하도록 하고자 이 세미나를 하는 것이다.

(3) 치유사역을 위한 은사활동, 기도훈련을 철저히 하고자 함이다.

치유목회 치유사역은 성령의 능력으로 하는 것이며 이는 성령의 은사를 통하여 나타나게 해야 한다. 그러기 위해서는 성령의 은사를 바로 이해해야 하며 잘못 알고 있는 은사개념부터 바로 인식해야 한다.

고전 12: 7에 은사는 "각 사람에게서 성령이 나타남이라" 했다. 앞에서도 말씀 드렸거니와 성령은 이미 우리 속에 와 계시는 것이다. 많은 목회자들이 은사를 특별히 받으려고 하는데 이를 깨달아야 한다. 성령의 은사는 이미 우리 속에 와 있고 더구나 목회자들에게는 치유능력 치유은사가 이미 와 있음을 깨닫고 그럼에도 목회자들이 믿지 못하고 나타내지 못하고 적용하지를 못하고 있는 것을 깊이 깨닫고 이번 세미나에서는 치유능력과 성령의 은사에 대하여 새롭게 기도해야 하는 것이다.

"지금 나를 통하여 성령님이 능력으로 나타나시옵소서."

"성령님이여 능력으로 은사를 나타내 보이소서."

"나로 하여금 성령의 통로가 바로 되게 하옵소서."

찬송가 350장

내게 부어 주시려고 은혜 예비하신 주
그 은혜로 채워 주사 능력 있게 합소서
나를 일꾼 삼으신 주 크신 능력 주시어
언제든지 주 뜻대로 사용하여 줍소서

주여 내게 성령으로 충만하게 채우사
생명수가 강물처럼 흐르게 하옵소서
나를 일꾼 삼으신 주 크신 능력 주시어
언제든지 주 뜻대로 사용하여 줍소서

이 찬송을 많이 부르고 이런 기도를 철저히 훈련해야 한다.
이를 위하여 금번 세미나를 실시하게 된 것이다.

제 2 강
치유목회의 원리

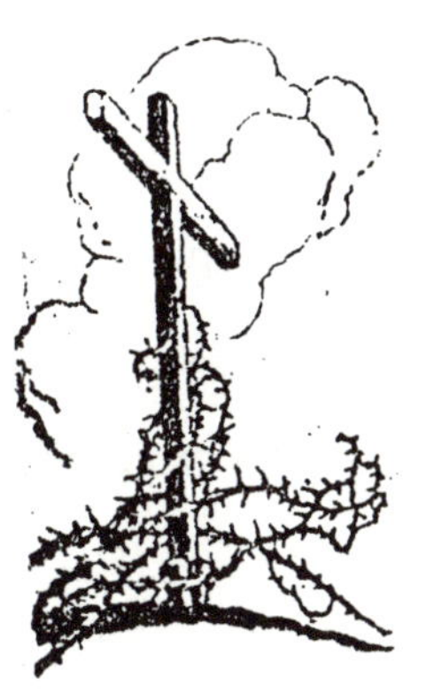

1. 서론 : 성령의 제3의 물결

미국의 훌러신학교 교수인 피터 와그너(C.Peter Wagner) 박사는 "이 땅에 고도로 발달된 은사갱신운동의 물결이 강하게 일어날 것이다"라고 예언을 했다. 같은 미국의 미래 사회학자인 앨빈 토풀러(G. Allvin Topuler) 박사는 그의 저서에서 "지금 세계는 성령의 제3의 물결이 불어와서 무서운 변화가 일고 있다"라고 했다.

세계 역사상 농경사회에서 공업사회, 산업사회로 바뀌게 된 것을 대개 제2의 물결이라고 하는데 이 물결로 인하여 문예부흥이나 산업혁명 등 엄청난 개혁과 변화가 있어서 근대문명의 발전을 가져왔다. 오늘날과 같은 우주시대, 산업정보화 시대, 컴퓨터시대를 제2의 물결이라고 하는데 참으로 급변화 시대에 와 있는 것이다.

이와 같은 급격한 변화와 발전에 적응하지 못하면 시대에 도태되는 낙오자가 되고 만다. 이와 같은 변화의 물결을 즉시 감지해야 한다.

이처럼 시대와 사회의 급변화와 개혁의 물결이 일어나듯이 영적인 세계의 성령시대도 변화되고 개혁 갱신되어 오는 것이다.

성령갱신시대를 대개 제3시대로 분류한다.

  1) 성령의 제1시대 : 오순절 성령물결시대, 방언으로 성령을 받던 시대, 곧 오순절 운동시대

  2) 성령의 제2시대 : 1960년대부터 일어난 은사갱신시대, 방언은사는 약화시키고 배우고 확신 있는 자들에게 은사가 일어난 시대, 우리나라는 제자화 훈련 청지기훈련 운동의 물결시대, 곧 은사갱신 운동시대

  3) 성령의 제3시대 : 1980년대부터 일어난 기적적인 치유사역의 물결시대, 곧 치유기적 운동시대,

이 물결시대에 앞장선 지도자가 미국의 쫀 윔버(John Wimber) 목사, 피터 와그너 박사, 프란시스 맥너트 신부 등 신학적 이론이 밝은 유식한 교수들이다.

이와 같은 성령의 제3물결이 우리나라에도 급 물살로 쏟아져 들어오고 있다.

현대목회자는 이와 같은 성령의 제3물결을 올바로 감지하고 깊이 이해하고 받아들여야 하며 고도로 발달된 은사 체험과 은

사갱신 발전의 바람을 불러일으켜야 할 것이다.

질병이 많은 세상이며 과거에 듣지도 보지도 못했던 새로운 병들이 나타나고 각종 암이며 AIDS(후천성 면역결핍증) 등 불치병 난치병들이 인류를 죽음의 공포 속으로 몰아가고 있고 교회 안에도 각종 질병을 안고 있는 성도가 많이 있는 현실에서 우리 목회자들은 특히 치유사역 치유목회에 능력자가 되어야 하는 것은 극히 지당한 요청인 것이다.

만약 기독교가 치유능력을 행사하지 못하며 목회자가 교회에서 치유사역을 하지 않는다면 우리의 믿음의 가치가 없는 것이며 기독교를 최상의 종교라고 말할 수 없을 것이며 능력목회 능력 있는 사역자라고 할 수는 없을 것이다.

왜냐하면 이방종교, 잡귀잡신 종교에도 치유가 있고 점쟁이 무당도 더러 병을 고치기도 한다.

우리는 이번 세미나에서 올바른 치유사역과 건전한 치유목회 방법을 배우고 연구하여

(1) 치유사역, 치유목회가 실제적이고 당연한 것임을 신학적으로 성서적으로 증명할 것이며,

(2) 치유사역, 치유목회에 대한 자신과 용기와 믿음을 향상시켜 목회자로써 치유능력을 직접 행사토록 하여 불치병이 고쳐지는 체험을 하게 할 것이며,

(3) 우리 목회자들의 손길을 통해 질병으로 고통 당하는 많

은 사람들을 치유해 주자는 것이며,

(4) 치유사역, 치유목회를 통하여 교회를 부흥시키고 성도들의 신앙을 성장케 하는데 도움을 주고자 하며,

(5) 사람들이 병원과 의약에만 의존하고 하나님을 의지해야 하는 인간 본연의 자세를 잊어 가는 현실을 깨우치고 의학 의술이상으로 하나님의 능력으로 질병이 치유된다는 것을 재인식시키고 인간이 하나님께로 돌아가야 하는 운동을 벌이는 데 도움을 주고자 한다

2. 치유목회의 원리

1) 치유목회의 신학적인 배경과 원리

(1) 치유사역을 부정하는 입장의 신학사상

불트만, 본훼퍼, 로빈손 같은 현대 신학자들은 성경 속의 기적 자체를 부인하고 기적을 하나의 설화로 보기 때문에 성령치유는 전적으로 부인했다. 칼 바르트, 죤 칼빈, 마틴 루터, 토마스 아퀴나스 같은 신학자는 기적으로 병이 고쳐지는 역사가 나타난 것은 사도시대에 교회가 세워지기 위해 잠깐 동안 나타났던 것은 인정하나 그 후에는 사라졌다 하여 부인했다.

오늘날은 대부분의 신학자들이나 보수주의 입장에 서 있는 목회자들이 치유의 기적이나 치유역사가 언제나 일어날 수 있다고 인정은 하면서도 실제 현장에서 일어나는 치유역사에는 이해가 부족하고 부정적인 자세를 취하고 있는 것이 문제이다. 심지어 치유사역을 이단시하고 최면술로 보는 소극적인 태도를 취하는 이들도 있는 실정이다.

현대 기독교 안에 치유사역을 부정하는 입장의 견해들을 고찰해보면

첫째, 물질주의적인 견해 이것은 사람의 신체는 의학적인 수

단에 의해서만 치유될 수 있는 것이며 종교적인 도움은 피상적일 뿐 치유의 기적이 될 수 없다고 하는 입장이다.

둘째 성공회적인 견해 여기서는 성공회의 병자심방 규범서에 나와 있는 대로 질병을 하나님의 선물로 보는 것이기에 치유사역을 부정하는 입장이다.

셋째 경륜론적인 견해 이것은 하나님의 경륜에 의해 하나님이 본래 교회를 세우시기 위하여 하나 의 방편으로 치유와 같은 사역들을 잠시 동안만 행사하신다는 입장이다.

넷째 불트만 신학적인 견해 이것은 자연법을 무시하고 초자연적인 치유능력이란 있을 수 없다는 입장이다.

한양대 정신과 교수인 김광일씨는 「마당지」1981년 12월호에 '기독교의 치유현상을 암시와 최면술이라' 했고 '병이 낫는 것이 아니라 나았다고 착각하는 경우가 더 많고 기독교가 병을 고친다 하는 그 순간부터 그것은 벌써 사교로서의 씨앗을 스스로 심은 것이다'라는 심한 결론을 내리기도 했다.

(2) 치유사역을 인정하는 입장의 신학사상

치유사역에 대해 긍정적인 입장을 보이면서 그것이 하나님의 능력만이 아닌 인간의 심리학적인 방법이나 무속신앙을 통해서도 치유가 된다는 입장의 부류가 있다.

① 프로이드(S.Freud 1856-1939)의 정신분석학적인 치유
  방법

② 아들러(A.adler 1870-1937)의 개인심리학적인 치유방법

③ 무의식의 집합으로 인격통합에 의한 문제해소분석 심리학적인 치유방법

④ 프랭클(Victor Frankl)의 의미요법적인 치유방법.

⑤ 원시종교인 샤머니즘(Shamanism)적인 치유방법. 등이다.

1900년대에 성령세례의 증거로 방언 말하는 것을 교리로 하여 시작된 오순절운동이 미국을 중심한 중남미 전체에서 교회성장에 놀라운 성과를 거두기 시작했다. 반 오순절주의자였던 미국의 피터 와그너(Peter Wagner) 박사는 더 이상 오순절운동을 반박할 수가 없어 1970년대 초에 《보라 오순절 신자들이 몰려온다》라는 책을 출판하고 자신이 치유사역자가 되고 말았다.

1980년대에 일어난 성령의 제3의 물결에 의해 미국 훌러신학교 교수 죤 윔버 목사가 자신이 치유의 체험을 통해 하나님이 치유사역에 함께 하심을 확신하고 교수직을 떠나 미국 빈야드 교회에서 목회를 하면서 엄청난 치유능력을 일으키게 되었으며 피터 와그너와 함께 새로운 성령운동 물결을 일으키는 장본인이 되었다.

위대한 실천신학자인 투르나이젠(E.Thurnysen)은 '치유

는 하나님께서 인간을 지극히 사랑하시는 마음에서 발생되는 것이며 인간을 사랑하시는 것이 예수 그리스도를 보내신 이의 뜻이기 때문에 하나님의 인간 사랑을 떠나서는 치유의 기적이 있을 수 없다. 치유에 대한 하나님의 목적은 또한 말씀 전파에 있다. 복음전파와 치유사역, 이것은 바로 천국이 임재하는 증거인 것이다. 천국이 없는 교회가 없는 것처럼 치유가 없는 천국도 없는 것이다.'라고 했다.

(3) 치유(신유)의 신학적인 용어 의미

치유(신유)라는 용어는 성경에 기록되어 있지는 않고 병이 고쳐진다는 말은 많이 나타나 있다. 치유(治癒)나 신유(神癒)라는 용어는 '하나님이 치료하셔서 병이 낫는다'의 뜻이다.

신학적으로는 치유(Divine Healing), 영적치유(Spiritual Healing), 신앙치유(Faith Healing)라 한다. 이 치유에 관련된 성경상의 기록은 수없이 많으나 그 대표적인 용어는

구약에서는

① 히브리어의 「라파」 -- 이는 '꿰매어 고치다' '원기 왕성케 하다'의 의미를 가지고 있는 용어로 '치료하다' '온전하게 하다' 등으로 사용된다.

② 히브리어의 「마르페」 --이는 '치료하다'(렘14:19) '고치다'(렘8:15) '몸과 마음에 양약이 되다'(잠12:8, 13:17, 16:24) '재앙에서 구원받다'의 뜻을 가진 용어이다.

신약에서는

① 헬라어의 「데라푸오」 --이는 '돌보아 주다' '소중히 시중 들다'의 뜻이며 '에서 고침 받다'의 뜻으로 사용되었다. (마 4:23,24, 14:14)

② 헬라어의 「이아시스」 --이는 '강한' '온전케 굳세게 하라' 라는 뜻으로 '병중에서 고통을 당하다가 나았다'(마8:8) '병든 자를 고치다'(눅9:2, 히12:13) '마음에 약한 것을 회복시키다'(마13:15)등으로 사용되었다.

③ 헬라어의 「소조」 --이는 중병환자를 고칠 때에 사용하는 용어이다.(막10:47, 눅17:12-19) 대개 이 용어를 사용할 경우에는 '네 믿음이 너를 구원하였으니 평안히 가라'라는 말이 뒤따르고 있다.

영어의 병고침(Healing)이란 용어는 싸움터에서 온전히(Whole), 무사히(Safe), 건전하게(Sound), 돌아온 전사를 가리키는 데 사용되었다.

병고침(Healing)이란 결국 '온전한 육체, 건전한 육체'로 회복되는 것을 뜻하는 용어이다. 현대에 와서는 정신적 질병과 영적인 질병이 확대되어 가면서 병고침의 영역이 넓어지게 되었다. 그래서 톰슨(A.R.Thomson)이라는 학자는 그의 저서에서 '건강이란 정신적, 육체적, 질병으로부터 자유로운 상태를 말하며 육체가 모든 면에 있어서 가장 적절한 수준의 효율로 기능을 발휘할 수 있는 상태를 말한다'라고 정의를 내렸다.

(4) 치유목회의 신학적인 배경

예수님은 공생애를 시작하시면서 하나님의 복음을 선포하시고 제자들을 모아 회당에서 가르치시며 귀신을 쫓아내시고 병든 자를 고치시며 마을에 들어가 전도하셨다(막1:14-39).

예수님의 지상에서의 하신 일은 한 마디로 '구원'의 사역인데 이 '구원'이란 용어는 '소조' 혹은 그 파생어인 '소테리아'라는 용어로 신약성경에 무려 150여 회나 쓰이고 있다.

이 용어가 사용되고 있는 성경의 모든 부분을 살펴보면 치유목회의 신학적인 배경을 '구원'의 의미와 치유의 의미를 같이 쓰고 있는 것을 알 수가 있다.

① 구원은 죄로부터의 해방을 뜻한다.

　'예수'란 이름의 뜻은 '자기 백성을 죄에서 구원할 자'이다.(마1:21)

② 마9:20-22, 눅8:48

　군중 속에서 몰래 예수님의 옷자락을 만진 열두 해 혈루증 여인에게 "네 믿음이 너를 구원하였다" 말씀하셨는데 여인의 혈루증이란 난치병이 치유되었다.

③ 눅8:50

　회당장 야이로의 딸이 병들어 죽어 가는데 예수님께서 "두려워 말라 믿기만 하라 그리하면 딸이 구원을 얻으리라" 말씀하셨는데 그 딸의 병이 치유되고 살아났다.

④ 눅17:19

10명의 나환자가 고침을 받고 그 중의 한 사람이 예수님 발아래 엎드려 감사할 때에 "일어나 가라 네 믿음이 너를 구원하였다" 하셨다. 이는 사람이 이상 상태에서 온전해지는 것이 치유라는 것이다.

⑤ 눅7:50

옥합을 깨뜨려 예수님 발에 향유를 부은 죄 많은 여인에게 "네 믿음이 너를 구원하였으니 평안히 가라" 하셨는데 이 여인은 더러운 죄에서 치유가 되었다.

⑥ 막5:34

"예수께서 가라사대 딸아 네 믿음이 너를 구원하였으니 평안히 가라 네 병에서 놓여 건강할지어다" 하셨다. 질병에서 치료받는 것이 치유라는 것이다.

⑦ 딤전2:15

"그 해산함으로 구원을 얻으리라"는 말씀을 보면 평안의 상태를 보존하는 것이 치유라는 것이 구원과 치유를 함께 사용하고 있음을 알 수 있다.

이외에도 눅8:36 거라사 여인, 행4:9 성전 미문의 앉은뱅이, 행14:9 루스드라의 앉은뱅이 등에서 구원과 치유를 같은 의미로 사용하고 있음을 알 수 있다. 그러므로

첫째, 복음이 구원의 선포라면 치유는 죄에서부터 해방
　　　(Save) 즉 영적 구원이 성취된 것을 나타내는 표적
　　　이다.(마1:21,9:2, 벧전2:24)
둘째, 복음이 영생의 선포라면 치유는 파멸이나 죽음으로부
　　　터의 보존 즉 영생이 이루어진 상태이다.(고후7:10,
　　　빌1:28, 딤전 2:15)
셋째, 복음이 새시대의 도래를 선포하는 것이면 치유는 악의
　　　세력을 몰아내고 승리 즉 하나님의 나라가 임한 증거
　　　이다.(마12:28)

예수님의 복음은 죄와 악에 사로잡혀 있거나 그 결과로 멸망
에 처하게 될 인간을 구원(치유)하기 위한 것이다. 그러므로
예수님의 구원 사역은 바로 치유사역이요 치유사역은 예수님
의 메시야성을 증거하는 것이 된다. 그러니 치유사역은 곧 구
원사역이요 목회자의 목회사역이며 예수님의 그리스도심을 증
거하는 사역이다.

사도들이 치유사역을 행한 이유는 예수님이 하시던 사역을
본 그대로 행한 것이요 예수님께서 그렇게 하라고 명하셨으니
(마10:7-8) 제자들은 그대로 순종했던 것이다.

그들이 제대로 귀신을 쫓아내지 못하고 질병을 못 고쳤을 때
에 제자들은 예수님으로부터 심한 꾸중을 들었다.(막9:19) 그
러므로 치유목회란 따로 있는 것이 아니고 지금까지 영적인 치

유에만 치중하던 것을 원래의 성경적인 방법으로 돌아가 구원
의 온전한 사역을 다루어 나아가는 목회의 태도가 곧 치유목회
인 것이다.

2) 치유목회의 역사적인 배경

(1) 사도시대 이후 치유사역의 역사

사도시대 이후 AD313년 밀라노 칙령으로 기독교가 금지된
상태에서 벗어나기까지는 심한 박해 중에 있었는데도 불구하
고 사도시대의 생명력과 영적 능력을 그대로 유지하였고 치유
사역의 면에서도 사도시대와 흡사한 방법으로 계속 유지되었
다는 것이 전해지고 있는 당시 저술한 기록들을 보아 알 수 있
다.

① AD185-254의 오리겐(Origen)의 논문「켈수스 논박」
   (Against Celsus)에서 그리스도인들이 여전히 "예수의
   이름으로" 악령을 추방하고 질병을 추방하는 것을 직접
   보았다고 했다.

② A.D 160년경 터툴리안(Tertullian)은 집정관에게 보낸
   그의 항의서에 그리스도인들이 평민, 높은 지위의 사람,
   조그만 소년 등 많은 사람들의 귀신을 쫓아내고 질병을
   치료해 주고 있다고 썼다.

③ A.D 375년경에 저술한 아타나시우스(Athanasius)의「성

안토니오의 생애」에서 자신이 치유 받은 것과 치료받은 다른 여러 사람의 수도사들에 대한 사실을 기록했다.

④ 나지안주스의 그레고리우스(Gregory of Nazianzus)의 저서 속에도 그의 친구 바질(St. Basil)이 황제 발란스의 아들을 치유한 사건과 그 외에도 능력 있는 치유의 사건들을 상세하게 기록했고 그의 논문에서 '치유사역은 하나님에 의하여 주어진 것으로 필요할 때에 사용되어야 한다'라고 주장했다.

⑤ 나사의 그레고리우스(Gragory of Nyssa)의 저서 《인간 창조론》에서 '인간의 신앙과 신학이 치유와 같은 기본적인 사실로부터 출발하여야 한다' '치유는 하나님께 대한 지식이 인간들에게 도달되는 때문이다.'라고 했다.

이와 같은 기록들을 보아서 치유사역은 역사적으로 사도 이후 교회에서 꾸준히 계속되었다는 사실을 알 수가 있다.

(2) 성례전을 통한 치유의 역사

① A.D 215년경 저술된 《히폴리투스의 사도적 전통》에는 초대교회에서부터 전래된 치유사역이 얼마나 중요한 것인가를 확실히 알 수 있도록 세밀히 기록되어 있다.

② 최초의 예배명령서인 《십이사도의 교훈》에는 치유의 관습에 관한 특별한 명령을 하고 있는데 성찬식에 있어서

사용되는 떡과 포도주를 "모든 질병 치유에 특효가 있는
생명약"이라 하게 하였고 치유의 은사를 받은 사람은 성
직을 받을 필요 없이 그대로 성직자라고 했다.

③ 「사도헌장」에는 마귀를 쫓아내는 구마사(驅魔師)와 질병
을 치유하는 치유자들은 성직으로 임명하는 규정을 정하
고 있다.

④ 「교령집」에 성직자 성직임명식 기동에 반드시 '귀신을 제
어할 수 있는 능력과 치유의 은사로 충만하게 하소서'라는
기도 말을 하였다 라고 되어 있다.

⑤ 「사라피온의 기도서」에는 치유사역에 사용되는 기름과
빵을 축복하는 특별한 기도를 성찬식 때도 사용하도록 규
정하고 있다.

⑥ 그 외에 아우구스티누스(Augustinus), 카시아누스
(Casianus), 그레고리우스(Gragorius) 등에게서도
성령을 통한 치유의 가능성을 부인하지 않았다.

3) 치유목회의 성서적인 근거와 배경

(1) 구약성서의 근거

구약성서에는 질병의 기원과 발생 원인, 치유를 위한 기도
등 치유목회의 근거가 되는 말씀들을 여러 곳에서 볼 수 있다.
모든 치유는 대의사이신 여호와에 의한 것이며 구약의 선지자

들이나 신약의 사도들이나 오늘날의 치유목회자들은 그 하나님의 종이요 도구이며 하나의 사역일 뿐이라는 것을 알 수가 있다.

시103:3-4 네 모든 죄악을 상하시며 네 모든 병을 고치시며 네 생명을 파멸에서 구속하시고 인자의 긍휼로 관을 씌우시며

이처럼 여호와 하나님이 친히 모든 병을 고치시고 죄악을 사하시고 인간의 생명을 파멸에서 구속하신다고 성경은 말씀하고 있다.

구약초기 족장시대에 애굽지역은 질병이 많았으나 선민 이스라엘은 만병의 대 의사이신 여호와 하나님께서 치유의 복을 내려주셔서 거의 질병 없이 생활했음을 성경을 통해 알 수가 있다.(출15:26)

이렇게 볼 때에 병을 고치시니까 하나님인 것이 아니라 하나님이시기에 사람의 모든 질병을 고치시는 것이다. 그러므로 치유 기적을 보니 하나님을 믿는 것이 아니라 하나님을 믿고 기도하면 하나님께서 치유기적을 일으켜 주시는 것이다.

출애굽기 15:26 "너희가 너희 하나님 여호와의 말을 청종하고 나의 보기에 의를 행하며 내 계명에 귀를 기울이며 내 모든 규례를 지키면 내가 애굽 사람들에게 내린 질병을 하나도 너희에게 내리지 아니하리니 나는 너희를 치료하는 여호와임이니라"

이 말씀에서 "치유의 여호와(여호와 라파)"라는 이름은 하나님이 이스라엘 민족에게 하나님 여호와의 말씀을 잘 청종할 때에는 건강(샬롬)을 허락하시고 불순종할 때는 재앙을 내리겠다는 약속을 담고 있는 말씀이다.

이사야 53:4 "그가 징계를 받음으로 우리가 평화(Healed)를 입었고 그가 채찍에 맞음으로 우리가 나음을(Wholeness) 입었도다"

평화를 Healed라는 단어를 사용했으니 "병을 고치" "병이 나았다" "치료했다"의 뜻이며 나음을 입었도다를 Wholeness 란 단어를 사용했으니 "병이 없어져다" "치유되다" "강건하다"의 뜻이다.

사사기 2:16, 8:22에 해방, 건져냄, 구원

욥 30:15, 시 12:5-6에 번영, 구출

신명기 33:29, 삼상 14:45에 승리, 구원하심

이런 말씀에 사용된 히브리어의 "야-솨" "에-샤"라는 말은 질병에서 구출, 구원, 치유함 받는, 뜻으로 쓰인 말이다. 이처럼 신명기 7:12-15에 말씀처럼 구약성서에서 하나님은 치유의 하나님이심을 알 수가 있다.

또 구약에 나타나는 하나님은 질병치유도 하시기를 때로는 질병예방의 말씀도 주셔서 인간이 근본적으로 건강하게 살도록 하시기도 했다.

하나님이 모세를 통해 그의 백성들에게 가르치라고 하신 질병예방의 말씀들을 찾아보자.

① 신명기 23:13-14 출애굽기 29:14에 전염성 있는 환자의 대변을 땅을 파고 묻어라 했으니 -- 위생법을 가르치신 것.

② 레위기 11장, 창 1:29 음식으로 인한 각종 질병은 먹을 것과 먹지 말아야 할 것들을 구분하라 했으니 -- 영양학적 법을 가르치신 것.

③ 민수기 5:2-3 레위기13-14장 문둥병자, 유출병자 등을 진 밖으로 내어 보내라 하여 격리시켰으니 -- 격리 수용법을 가르치신 것.

④ 출애굽기 20:9-10 스트레스, 과로로 인한 질병예방을 위해 안식일 준수로 충분한 휴식을 하게 했으니 -- 휴식법을 가르치신 것.

⑤ 창 17:10 부인병 예방을 위해 남자는 할례를 받게 했으니 -- 고도의 부인병, 성병 예방법을 가르치신 것.

그러고 보면 구약성서에서는 과학적으로 의학적으로 다 설명할 수도 없는 치유사건들이 수없이 많이 나온다.

① 창 20:17 아브라함이 기도하여 아비멜렉과 그 아내와 여

종을 하나님이 치료하셔서 생산케 된 기사가 있다.

② 왕하 5:14 불치의 병 나병에 걸린 나아만 장군이 선지자의 명한 대로 요단간 강물에 일곱 번 몸을 담그고 깨끗이 고침 받았다.

③ 대하 32:24 히스기야 왕이 병이 들어 죽게 되었으나 하나님이 치유해주셨다.

④ 신 32:39 여호와 하나님이 말씀하시기를 "내가 죽이기도 하며 낫게도 하나니 내 손에서 능히 건질 자가 없도다"

⑤ 출 15:25-26 나는 너희를 치료하는 여호와이니라.

⑥ 출23:25 너희 중에 병을 제하리니

⑦ 욥 5:17-18 볼지어다 하나님께 징계를 받는 자는 복이 있나니 그런즉 너희는 전능자의 경책을 업신여기지 말지니라 하나님은 아프게도 하시다가 싸매시고 상하게 하시다가 그 손으로 고치시니라.

⑧ 민 12:13 미리암이 문둥병에서 나음을 받았다.

⑨ 민 21:4-9 독뱀에 물린 백성들이 모세가 하나님 명에 따라 방대 끝에 메달아 올린 놋뱀을 쳐다봄으로 치유되고 살았다. 이것은 질병이 순종적 신앙을 통하여 치유되었다는 것을 나타내주는 것이다.

하나님은 건강이나 질병, 삶이나 죽음에 대해서 궁극적으로 책임을 지신다고 스스로 선언하시기도 했다. 하나님은 초자연적, 초과학적, 초능력적으로 인간세상 속에 깊이 개입하셔서서 치유의 능력을 나타내셨음을 볼 수가 있다. 그러므로 치유목회의 구약성서의 근거와 배경은 이루 다 헤아릴 수 없이 많다는 것을 알 수가 있다.

(2) 신약성서의 근거

① 예수님의 치유사역

인류 역사상 어느 때에도 예수님의 대중전도 사업기간인 공생애 3년간이란 짧은 기간에 그처럼 많은 사람들이 각종 질병으로부터 고침 받은 적은 없었다. 신약성경 4복음서 안에 마태복음에 25건, 마가복음에 18건, 누가복음에 27건, 요한복음에 5건, 총 75건이나 되는 예수님의 치유사건이 기록되어 있으니 이는 전체의 약 30%가 되는 셈이다.

가) 예수님의 중요 치유사역

ⓐ 더러운 귀신을 쫓아내심 (막1:23-28, 눅4:33-37)
  더러운 귀신 들린 자를 예수님이 안수하시어 치유가 되었고 또 예수의 이름으로 귀신을 쫓아내라고 예수님이 거듭 명령도 하셨다 (막16: 16-17)
ⓑ 베드로의 장모를 고치심 (마8:14-17, 눅5:15-16)
  예수님께서 베드로 장모의 열병을 꾸짖으셨고 그리고 그의 손을 잡고 일으키셨다.

ⓒ 나병환자를 고치심 (마8:1-4, 막1:40-45)

예수님께서 나병환자를 치유하여 주심으로 가장 육체적인 악에 승리로 자신이 메시아이신 확실한 증거를 보여주신 것이다. 예수님은 이와 같이 건강이 병을, 정결함이 부정을, 생명이 죽음을 이기신 것을 보여주신 것이다.

ⓓ 중풍병자를 고치심 (마9: 2-8, 눅5:18-26)

"예수께서 저희의 믿음을 보시고 중풍병자에게 소자야 네 죄사함을 받았느니라" 하신 것을 보아 어려운 장애물이 앞을 가로막는 어려움 중에도 포기하지 않는 믿음, 중풍병자를 메고 온 사람들의 믿음이 예수님께 상달이 되어 병이 고쳐졌다는 것을 볼 수 있다.

ⓔ 베데스다 못가의 병자를 고치심 (요5:2-16)

예수께서 "일어나 네 자리를 들고 걸어가라"고 하심으로써 믿음과 행동이 병행되는 치료의 증거가 된다.

ⓕ 손 마른 자를 고치심 (마12:9-13, 막3:1-45)

이것은 안식일에 예수님이 손 마른 자를 고쳐주신 사건이다. 이는 절대순종과 자기극복을 통한 치료이다. 치유은사가 행해저서 교회에 유익하고 죄인이 하나님의 은혜를 받게 된다면 율법적인 규례보다 치유가 선행되어야 하는 것을 배울 수 있다.

ⓖ 백부장의 하인을 고치심 (마8:5-13, 눅7:2-10)

백부장은 주님이 직접 오시지 않아도 그의 말씀만으로도 하인의 병이 치유될 것을 믿었다. 예수님은 백부장의 믿음을 칭찬해 주시고 "네 믿음대로 될지어다" 하셔서 백부장 하인의 병을 고쳐 주셨다.

ⓗ 나인성 과부의 아들을 살리심 (눅7: 11-17)
여기서 예수님은 말씀 한 마디의 권세와 권능을 나타내 보이신 것이다.

ⓘ 거라사 지방 귀신 들린 자를 고치심 (마8: 28-34, 눅8: 43-48)
귀신에 사로잡힌 자에게서 귀신을 쫓아냄으로 병을 치유하시는 예수님의 영적 치유를 보게 된다.

ⓙ 혈루증 여인을 고치심 (마9: 20-22, 눅8: 26-39)
사람이 병을 치유 받을 수 있는 조건 중의 하나가 순수하게 자신을 전적으로 주님께 맡기는 믿음으로 가능케 된다는 것을 알 수 있다.

ⓚ 수로보니개 여인의 딸을 고치심(마15: 22-28, 막7: 24-29)
예수님은 그를 개라고까지 하며 매우 굴욕적인 말씀을 하셨는데도 여인의 줄기찬 집념으로 주님의 말씀을 기다리며 순종할 때에 병이 치유되었다

ⓛ 회당장 야이로의 딸을 고치심(마9: 18-25, 눅8: 41-56)
예수님은 야이로에게 두려워 말고 믿기만 하라고 하셨다.

죽은 자를 살리시기도 하는 예수님의 능력 안에서 인간의 어떤 병이라도 치유될 수 있다는 믿음을 갖게 하는 사건이라 하겠다.

ⓜ 귀먹고 어눌한 자 고치심(막7: 32-35)

인간의 모든 질병은 영적인 문제와 깊은 연관을 갖고 있으므로 주님은 상황에 따라 치유방법이 다르셨다. 이 사건에서 주님은 병 치유방법이 특이했다. 손가락을 양 귀에 넣고 침을 뱉어 그의 혀에 손을 대셨다. 그로 인해 어눌한 혀를 사탄의 세력에서 풀어 주셨다.

ⓝ 벳세다의 소경을 고치심(막8: 22-26)

이 치유는 예수님께서 벳세다에 이르러 데려온 소경을 그 눈에 침을 발라 안수하여 고쳐주신 것이다. 그러나 소경을 고쳐주신 능력은 주님의 말씀에서 나온 것임을 알 수 있다.

ⓞ 사귀 들린 간질병 아이를 고치심(마17: 14-18, 눅9: 38-43)

여기에는 간질병 든 아이의 아버지의 온전한 믿음이 요구되었으며 예수님의 능력과 축사 명령으로 귀신은 떠나가고 아이는 온전하게 치유를 받았다.

ⓟ 소경 바디메오를 고치심(마20: 30-34, 막10: 46-52)

길가에 앉아있는 거지 소경 바디메오를 "예수여 나를 불쌍히 여기소서" 하고 부르짖는 병자를 예수님께서 불러서

"가라 네 믿음이 너를 구원하였다" 하시는 말씀으로 소경이 곧 보게 되는 치유가 되었다.

ⓠ 눈멀고 벙어리 귀신 들린 자 고치심(마12: 22, 눅11: 4)

ⓡ 성전에서 소경, 저는 자 고치심(마21: 4)

ⓢ 막달라 마리아와 여인들을 고치심(눅8: 2)

ⓣ 귀신 들린 여인을 고치심(눅13: 10-13)

여기에서 본문에 "사탄에게 매인 바 된"이라는 말은 여인의 병이 보다 깊은 영적 뿌리를 갖고 있음을 알 수가 있다. 예수님께서 안수하시니 영육간의 모든 결박이 풀리고 여인이 곧 치유되었다.

ⓤ 수종 걸린 자를 고치심(눅14: 1-4)

ⓥ 열 명의 나환자들을 고치심(눅17: 11-19)

예수님께서 깨끗하지 못한 나환자를 제사장 앞으로 가라고 하였을 때 그들의 믿음을 시험하는 좋은 실례가 되었다.

ⓦ 종 말고의 귀를 회복시키심(눅22: 49-51)

ⓧ 왕의 신하의 아들의 병을 고치심(요4: 46-53)

간청하는 자의 믿음을 강하게 만들어 주기 위하여 그의 요구대로 하시지 않고 "아이가 나았다"고 하는 보증의 말씀만 하셨다(마8:13, 막7: 29) 예수님은 말씀으로 질병을 치유하신 것이다.

ⓨ 두 소경의 눈을 뜨게 하심(마9: 27-31)

ⓩ 죽은 나사로를 살리심(요11: 1-14)

ⓐ 날 때부터 소경된 자 고치심(요9: 1-7)

여기서는 예수님께서 그 소년의 눈을 뜨게 하심으로써 다른 사람에게는 하나님의 하시는 일을 확실히 드러내기 위하여 치유를 하신 것이다. 예수님 말씀에 순종과 믿음의 승리인 것이다.

ⓑ 큰 무리의 병자들을 고치심(마14: 14)

이상의 실례들을 보면 예수님께서 말씀으로 질병을 치유하시기도 하고, 영적 치유도 하셨고, 인간의 어떤 질병도 믿기만 하면 치유될 수 있다는 믿음도 갖게 하시며, 주님께 전적으로 맡기는 믿음으로 치유된다는 것을 가르치시기도 하고, 죄를 고백하고 용서함을 받을 때에 질병이 치유되기도 했으며, 예수의 이름으로 귀신을 쫓아내라고 명령하기도 하셨다.(막16: 16-17)

질병이 고쳐질 때에 하나님께 영광을 돌리기도 했다.

이외에도 수많은 병자들을 예수님이 직접 치유하여 주셨다.

한 마디로 예수님의 치유방법은 초월적이고 영적인 것이었다.

나) 초대교회 예수님 제자들의 치유사역

ⓐ 베드로와 요한이 앉은뱅이를 고침(행3: 1-11)

ⓑ 베드로가 에니아의 중풍병을 고침(행9: 32-35)

ⓒ 베드로가 죽은 다비다를 고침(행9:36-43)

ⓓ 바울이 나면서부터 앉은뱅이 된 자를 고침(행14: 8-11)

ⓔ 바울이 귀신 들린 여종을 고침(행16: 16-18)

ⓕ 바울이 삼층루에서 떨어진 유두고를 살림(행20: 9-12)

ⓖ 빌립이 사마리아에 가서 많은 병자를 고침(행8: 5-8)

ⓗ 바울이 손수건을 얹어 병이 떠나고 악귀가 나감(행 19:11-12)

ⓘ 사도들이 기사와 이적으로 병을 고침(행2: 43)

신약에서는 구약에서보다 훨씬 많은 개인적인 치유의 사례들을 보게 되며 예수님은 공생애를 시작하시면서(막1: 15) 하나님의 나라를 선포하시고 즉시 병든 자를 고치시며 귀신을 내어쫓는 일을 하셨다. 예수님은 제자들을 파송하시면서도 치유사역을 계속하게 하시었다(막6: 7-13, 마10: 5-10, 눅9: 1-6).

이상에서 보는 바와 같이 사도행전에는 초대교회에 예수님의 제자들인 사도들이 많은 치유기적을 일으킨 것을 기록하고 있다.(행2: 43)

특히 베드로와 바울이 중심인물이 되어 치유사역을 행하였고 병 고치는 것을 주로 하는 표적과 기사는 초대교회의 전도의 필수요건 이었다. 그러므로 치유사역은 직접 간접으로 능력

전도의 수단이 되기도 했다.

12사도중 수제자였던 베드로는 성령의 능력을 충만히 받아 그가 복음 전하는 일이면 생명도 바칠 만한 각오가 서 있었다. 대단한 각오로 기도하러 정한 시간에 성전에 오르다가 구걸하는 앉은뱅이 걸인을 보고 "예수의 이름으로 걸으라"고 치유명령을 하여 즉시로 앉은뱅이가 일어나 걸으며 뛰며 하나님을 찬양하는 치유기적을 일으켰다.

베드로의 치유활동이 절정에 달하였을 때는 솔로몬 행각에 각종 병든 자들이 모였는데 심지어 병자를 메고 길거리에 나와서 침대와 요 위에 눕히고 베드로가 지나갈 때에 혹 그림자라도 덮일까 하여 바라기도 했고 예루살렘 근처 허다한 사람들이 모여 병자들과 더러운 귀신에게 괴로움을 받는 사람들을 데리고 와서 다 고침을 받기도 했다.(행 5: 12-16)

치유의 역사는 그 시대를 따라 계승되었고 복음을 전하는 자들의 신실성과 함께 역사하시는 하나님의 실재를 증거케 하여 복음을 더욱 권위 있게 그리고 빠르게 전파되도록 하는 촉진제 역할을 하게 된 것을 알 수가 있다.

4) 왜 우리가 치유사역을 해야 하는가? (약 5: 13-16)

(1) 하나님의 명령이며 약속이기 때문이다.

약5:13절에 "너희 중에 고난 당하는 자가 있느냐? 저는 기도

할 것이라" 하여 위하여 기도하라고 명령하셨다.

약5:14-15에 "너희 중에 병든 자가 있느냐 교회의 장로들을 청하여 기도할지니라 믿음의 기도는 병든 자를 구원(치유)하리니 주께서 저를 일으키시리" 하여 명령과 약속을 하시었다.

마10: 7-8에 "가서 전파하되 천국이 가까웠다 하고 병든 자를 고치라 죽은 자를 살리라 문둥이를 깨끗이 하라 귀신을 쫓아내라"

예수님이 이처럼 치유사역을 명령하셨다. 이 외에도 성경에 나오는 치유에 대한 말씀들을 찾아보면 대개가 명령문으로 되어 있다는 것을 볼 수 있다. 그러므로 우리는 주님의 명령을 순종으로 받아 실천해야 할 것이니 치유사역을 해야 한다는 것이다.

믿는 성도라도 중한 직분을 받은 자라도 질병과 관계가 없는 것은 아니다. 그러나 믿는 자의 질병은 하나님 앞에 기도함으로 치유되는 것이다.

목회자는 믿는 자를 위하여 기도할 사명을 받았으며 교회의 장로들을 청하여 병자를 위해 기도하도록 명령을 받은 자들이다.

(2) 치유사역 사명의 재발견, 결단이 필요하기 때문이다.

오늘날 주의 사역자 목회자들은 병자들을 치유하신 예수님의 지상 사역을 이어 받아 수행하여야 할 사명자임을 재발견하고 이 사명을 다할 것을 결단해야 한다. 치유사역은 일부 치유사역을 부정하는 신학자들의 견해처럼 사도시대 때에 종결된 것이 아니며 예수님이 재림하실 때까지 계속되어져야 하는 것이다. 그러므로 치유목회 사역자들은 병자를 치유하는 기도방법을 치유기도 테크닉을 배우고 훈련받아 숙지해야 하는 것을 깨달아야 한다.

필자가 인도하는 제 15기 세미나 때에 이런 일이 있었다.

김포공항 가까운 ○○교회 목사님 사모님이 세미나에 참석하여 맨 앞자리에 바짝 다가앉아 열심히 강의를 듣고 말씀과 치유사역의 원리와 치유 명령기도 방법을 배우는 중 둘째 날 점심시간을 이용하여 그 사모님이 자기 교회로 남편 목사님께 달려간 것이다.

오후에 남편 목사님과 함께 와서 간증을 하였는데 본래 내외가 함께 세미나에 참석하려고 계획하였으나 목사님의 지병인 류머티스성 관절염이 너무 악화되어 주일 강단에도 서지 못하고 자리에 누워 있었다는 것이다.

사모님이 세미나 도중에 나도 예수 이름으로 치유 명령기도를 하면 남편 목사님의 병이 깨끗이 고쳐진다는 확신 있는 믿음이 솟아올라 달려가서 용감하게 세미나에서 배운 그대로 치유 명령 기도를 아직은 숙달되지 않은지라 기도용어를 더듬더듬하며 기도를 했는데 이 웬일인가? 기적이 일어났다. 그 순간 목사님의 몸 전체 모든 관절에 염증으로 오는 심한 통증이 일시에 사라지고 씻은 듯 깨끗하게 고쳐진 것이다.

너무 기쁘고 감사 감격하여 내외가 같이 다시 왔노라 하며 간증을 하였다. 참석했던 모든 목회자들이 크게 박수를 치며 하나님께 영광을 돌렸다

바로 이것이다. 이런 일이 일어나니 우리는 치유사역 치유목회를 해야 하는 것 아니겠는가?

이번 세미나에 참석하신 모든 목회자들이 이 사모님처럼 치유사역의 능력자들이 되어지기를 축원하는 바이다.

제 3 강

치유목회를 위한 준비사항

1. 치유사역의 능력의 원리

치유목회에 치유사역이 능력으로 이루어지려면 치유능력이 들어와 작용해야만 질병이 고쳐지는 치유가 되는 것이다.

이 치유능력의 근원을 정확히 인식해야 한다. 치유능력에 대한 확실한 인식과 믿음이 없이 치유사역을 흉내나 내기 때문에 치유사역에 자신이 없고 의문이 풀리지 않으며 이에 대한 이해가 부족하므로 여러 가지 오해를 낳기도 한다.

1) 확신 있는 믿음과 올바른 인식이 치유능력이 된다.

사도행전 14: 8-18에 루스드라에서 앉은뱅이를 일으킨 바울과 바나바를 보고 무리들이 "쓰스"와 "허매"라 하며 이들을 신(神)이라 하여 섬기려 했고 사도행전 28: 1-6에 멜리데 섬의 토인들이 독사에 물려도 아무렇지도 않은 바울을 보고 신(神)이라 하여 두려워했다.

이처럼 알지 못하고 무지하면 불신앙과 두려움을 낳게 되는 것이다. 무엇보다도 우리는 먼저 치유사역을 능력으로 행사함에 대한 올바른 지식과 병마(病魔 사탄, 마귀, 귀신)의 정체와 치유기도 방법, 치유기도 테크닉을 분명히 알고 인식하며 확신 있는 믿음을 가지고 치유사역에 임해야만 치유능력이 나타나게 되는 것이다.

능력의 원천은 위에 있다.

치유능력은 100% 하나님으로부터 온다는 이 인식이 절대 필요한 것이다. 이 인식과 확신 있는 믿음이 치유능력으로 이어지는 것을 믿기 바란다.

2) 성령의 나타남(성령의 은사)이 곧 능력이 된다.

우리의 영과 혼과 육을 뚫고 나타나는 성령님은 바로 능력으로 역사하시게 된다. 그러므로 우리는 아무쪼록 성령의 흐름을 소멸시키지 말고 성령의 오심을 근심되게도 하지말고 내 안에 내주(內住)하시는 성령님이 나타나시도록 우리의 영 혼 육의 모든 장애요소를 과감히 제거하고 우리가 성령님의 통로로 성령님의 도구로 쓰임 받기만 하면 곧 우리의 치유사역은 능력으로 연결되어지는 것이다.

그러므로 우리는 성령의 은사에 대한 지식과 믿음과 체험을 하고 성령님과 동역하는 기도훈련이 필요한 것이며 그래서 성령님이 나를 통하여 나타나시게 되면 치유능력 사역은 이루어지게 되는 것이다.

만약에 이에 대한 인식 부족으로 성령의 나타나심을 막아 버리게 되면 이는 성령의 역사를 훼방하는 죄를 짓게 되는 것이다.(마12: 31)

3) 주의 힘을 덧입는 것이 능력이 된다.

능력의 근원은 사역자인 내가 아니요 어디까지나 주님이시며(고전1: 24) 성령님이시다.(행1: 8)

그러므로 능력은 주님의 것이기에 주님의 힘을 덧입어야 한다. 주의 힘이 덧입혀질 때에 성령 충만을 가져온다.(행4: 8-22, 행14: 3)

우리가 이와 같은 능력의 근원을 깨닫지 못하고 마치 능력이 내 손에서 나가는 것처럼 능력의 근원을 잘못 인식하고 있는 경향이 있다.

사역자 자신이 능력으로 하는 것으로 생각하게 되면 치유사역의 자신과 용기가 사라지고 두려운 마음이 생기게 된다.

사도행전14: 3에 "두 사도가 주를 힘입어 담대히 말하니"했다. 우리가 주의 힘을 덧입어 그분의 능력으로 치유사역을 할 수 있다는 것을 철저히 깨닫고 믿어야 한다.

4) 성령님이 나를 도구로 사용하실 때 능력의 사역자가 된다.

치유능력의 역사는 나의 지성소(영)에 와 계시는 성령님이 심령의 휘장을 찢고 성소(혼)로, 성전 뜰(육)로 나와서 나의 영, 혼, 육을 사용하시기에 우리의 영력과 실력이 치유능력으로 역사하게 되는 것이다.

에배소서 3:16에 "나의 속사람이 성령의 능력으로 강건하기를 원한다"라고 했는데 바로 이 속사람의 능력이 영력(靈力)인 것이다. 우리들의 확신에 찬 믿음의 자세와 행동과 말 한 마디가 치유능력으로 나타나는 것이다.

그러므로 치유사역에 있어서 숙달된 동작과 언어와 치유기도문이 많은 체험과 기도훈련을 통하여 능력으로 연결되어져야 하며 이러한 사역자의 당당한 모습을 볼 때 기도 받는 사람들이 믿음을 갖게 되고 주의 능력에 접해져서 치유가 일어나게 되는 것이다.

능력사역의 원리는 강력한 믿음에 의한 담대함에 있다.

신명기 31:6에 "너는 마음을 강하고 담대하게 하라 그들을 두려워 말라 그들 앞에서 떨지 말라 이는 네 하나님 여호와가 너와 함께 행하실 것임이"했다.

2. 치유사역을 위한 은사(은사 Gift)

치유사역에 있어서 성령의 은사 없이 능력의 치유사역은 불가능하다. 그러기에 사역자가 은사 체험도 없으면서 치유기도 방법이나 치유기도 테크닉만 익히려고 해서는 안 되는 것이다.

1) 은사란 무엇인가?(恩賜의 正義)

은사를 한 마디로 정의를 내린다면 은사는 성령의 역사와 능력으로 말미암아 말세 성도들에게 나타나는 하나님의 특별하신 영적 선물이다.

고린도전서 12: 4-7 에 "은사(카리스마타)는 여러 가지나 성령은 같고 직임(디아코니아)은 여러 가지나 주는 같으며 역사(에네게마타)는 여러 가지나 모든 것을 모든 사람 가운데 역사 하시는 하나님은 같으니 각 사람에게 성령의 나타남(파네로시스)을 주심은 유익하게 하려 하심이라" 했다.

많은 은사 중에 치유의 은사는 성령의 나타남(파네로시스)이다. 우리가 예수그리스도를 구주로 믿고 영접할 때에 우리 안에 내주하시는 성령님이 사역자의 영·혼·육을 통해 나타남을 말할 때에 '파네로시스'라는 용어를 사용했다.

고전12: 11 에 "이 모든 일은 같은 한 성령이 행하사 그 뜻대로 각 사람에게 나눠주시느니라" 했다. "나눠주신다"라는 것은 성령님의 입장으로는 나누어주시는 것이나 그것을 받는 인간의 입장에서는 "성령의 나타남"인 것이다.

그리고 "나눠주시느니라"에 사용된 용어는 헬라어로 "디도타이"인데 이는 "계속적인 진행"을 나타내는 말이다.

그러므로 성령의 나타남은 분명히 한 사람에게 단 한 번만으로 그치는 것이 아니라 몇 번이고 계속해서 반복하여 나타난다는 것을 알 수가 있는 말이다.

우리가 지금까지 은사에 대한 개념과 이해가 잘못 되었기 때문에 성령의 나타남을 제한해 왔고 이미 은사를 받고도 깨닫지 못하여 은사를 활용하지 못했고 은사를 개발 발전시키지 못했다.

그런가 하면 오히려 은사를 위해 훈련하거나 교육하거나 개발하기 위해 노력하는 것을 비성서적이라고 오해를 하기도 했다.

우리가 흔히 은사라고 생각해 오던 고전 12: 7 은 분명히 "성령의 나타남"이고 이는 하나님께서 주시는 영적 선물이지만 한편으로는 무한히 개발되고 연구, 공부, 훈련되어야 하는 것임을 알아야 한다.

기도는 바로 은사(성령의 나타남)의 개발과 훈련의 과정이며 ,방편이며 방법인 것이다. 그러므로 우리는 은사를 크게 사모하여 부르짖고 구하며 찾고 두드리는 자에게 은사의 문이 열려지는 것을 깨달아야 한다.

은사에 대하여 잘못 이해하고 사역자들이 잘못 가르치고 있는 것이 있다.

은사 장(章)이라 불리는 고전 12장 마지막 구절에 "너희는 더욱 큰 은사를 사모하라 내가 또한 제일 좋은 길을 너희에게 보이리라" 하고 그 다음 장인 고전 13장은 사랑 장(章)이다. 그래서 대개는 은사 중에 제일 큰 은사가 사랑이라고 말하고 그렇게 가르치는 목회자들이 많이 있다.

"더욱 큰 은사를 사모하" 이렇게 되면 은사에 큰 은사와 작은 은사가 있다는 말이 된다. "은사는 다 같고" 했다. 은사에는 크고 작은 구분이 없으며 높고 낮은 계급적인 차이도 없는 것이다. 그리고 "더욱 큰 은사를 사모하면 제일 큰 은사를 주시는데 그것이 사랑의 은사"라는 것도 틀리는 것이다.

넓은 의미에서 사랑도 은사라고 할 수 있겠지만 엄격히 구분하여 사랑은 은사가 아니라 성령의 열매인 것이다.

갈라디아서 5: 22-23에 사랑은 성령의 9 가지 열매 중에 첫째로 되어 있다. 그렇다면 고전 12: 31을 어떻게 해석하고 어떻게 믿어야 하겠는가?

헬라어 원어를 영어로 번역하고 다시 한국어로 번역하는 과정에서 "더욱 큰 은사"라고 형용사로 번역한 것이 잘못 되었다.

헬라 원어에는 이 용어가 부사로 되어 있다. 그러므로 이 말은 "더욱 큰 은사를 사모하라"가 아니라 "더욱 크게 은사를 사모하라"는 말로 번역되어야 한다. 은사는 더욱 크게, 더욱 열심히, 더 많이, 더욱 힘써, 사모해야 하는 것이다.

그리고 큰 은사를 사모하여 제일 좋은 길을 보여주신 것이 사랑 장이라는 것이 아니라 여기서 말하는 제일 좋은 길이란 더 새로운 은사, 이미 받은 것보다 더 많이, 더욱 능력 있는 은사라는 뜻이다.

은사는 더욱 크게 사모하고 더욱 힘써 사모하여 보다 더 새로운 은사를 체험하고 은사가 충만하여서 더욱 능력 있는 은사를 나타내야 하는 것이다.

2) 은사의 훈련과 연구개발

은사는 성령의 역사를 따라 주어지는 하나님의 특별하신 영적 선물이지만 한편으로는 계속해서 연구 개발되어야 하고 끊임없이 훈련되어야 하는 것이다. 은사는 큰 은사 작은 은사가 따로 없고 은사는 각 사람마다 직임이나 직책이 다를 뿐 역사는 다 같은 한 성령의 나타남으로 되는 것임을 알아야 한다.

"나타남"이란 고정적이거나 단 일회적이거나 모든 사람에게 똑같이 일정하지 않고 유동적이며 각 사람의 직임에 따라 다른 형태로 나타날 수가 있음을 알아야 할 것이다.

고린도전서 12: 11 에 "각 사람에게 나눠주시느니라"라고 한 말씀은 하나님이 각 사람에게 나눠주실 것이니 가만히 앉아 하나님의 처분만 바라고 기다리라는 뜻은 결코 아니다. 교회의 역사에서 보더라도 기도와 영적 훈련을 많이 쌓은 수도원(修道院)에서 더 많은 은사들이 나타났고 오늘날에도 기도를 많이 하는 사람들에게서 은사들이 강하게 나타나고 있으며 예수님도 "기도 외에는 이런 류가 나가지 않는다" "구하라 찾으라 문을 두드리라"고 하셨다. (마7: 7-12)

이와 같이 성경적인 근거가 분명한 데도 지금까지의 고정관념과 선입견이 은사가 기도훈련으로 안 된다고 한다면 목회자들이 교인들을 어떻게 가르치며 어떻게 은사를 체험할 수 있겠는가?

또 은사와 치유능력이 기도 훈련과 끊임없는 연구 개발될 수 있다면 먼저 훈련받고 먼저 능력을 체험하고 경험한 자들로부터 배운다는 것이 무엇이 이상하겠는가?

은사체험에는 은사 선생을 잘 만나야 좋은 것이다. 은사스승, 은사 지도자를 잘못 만나 은사체험을 잘못하여 잘못된 은사를 행한다면 이는 정말 고질이며 머리 아픈 일이 되고 만다.

결론은 '은'은 성령의 역사를 통하여 주어지는 것이지만 인간 편에서는 점점 더 개발되고 훈련되어야 한다는 것이 하나님의 뜻이 된다.

딤전 4: 7 에 하나님은 연습(훈련)을 명령하고 있으며 딤후

1: 6에는 심령에 은사가 불일 듯 일어나야 한다고 말씀하고 있다.

은사에 대한 훈련과 연습과 연구개발은 성령의 나타남으로 체험하게 되는 것이므로 어떤 조건과 상태와 준비가 되어야 하는 것은 중요한 일이다.

치유사역의 신학적인 이론 원리와 성경적인 방법을 터득했다고 하더라도 성령의 나타남의 은사가 없으면 치유능력을 발할 수는 없는 것이다. 알지 못하면 치유사역에 용기와 확신을 갖지 못한다. 확신 있는 믿음으로 성령의 역사로 치유능력이 나타나게 하는 것 누구에게나 저절로 되는 것은 아니다.

피나는 훈련(기도)과 연습이 있어야 하고 그 훈련의 요령은 성경말씀에서 배우고 하나님이 세우신 법도에서 힘써 배워야 한다.

본 성령치유 능력목회 연수원의 목적이 바로 여기에 있는 것이며 영적인 훈련이란 이론이나 글로써만은 바로 전달하기가 한계가 있으므로 금번 이와 같은 훈련 세미나가 필요한 것이다.

모쪼록 이번 세미나를 통하여 치유목회에 있어서의 능력은사가 나타남을 크게 체험하고 치유사역의 능력자가 되도록 훈련을 잘 받으시기 바란다.

3) 은사의 종류와 구분

(1) 로마서 12: 6-8

① 예언의 은사

② 섬기는 은사

③ 가르치는 은사

④ 권위하는 은사

⑤ 구제의 은사

⑥ 다스리는 은사

⑦ 긍휼을 베푸는 은사

(2) 에배소서 4: 11

① 사도직의 은사

② 선지자직의 은사

③ 가르치는 은사

④ 목사직의 은사

⑤ 교사직의 은사

(3) 고린도전서 12: 28-31

① 사도

② 선지자

③ 교사

④ 능력

⑤ 병 고치는 은사

⑥ 서로 돕는 것

⑦ 다스리는 것

⑧ 각종 은사

⑨ 방언통역

(4) 기타은사

① 독신

② 중보기도

③ 축사(귀신 쫓음)

④ 순교

⑤ 선교사

⑥ 진동은사

⑦ 영감의 은사

⑧ 환각, 환청, 환상

⑨ 입신의 은사

⑩ 투시의 은사

⑪ 심령감찰

⑫ 불체험 은사

⑬ 불체험 은사

⑭ 꿈꾸는 은사

⑮방서   ⑮ 방언노래

(5) 고린도전서 12: 4-12

여기에 기록하고 있는 성령의 9가지 은사는 모든 은사의 대표적인 은사 구분이라 할 수 있으며 바울 사도가 은사로 인해 많은 문제를 일으킨 고린도교회에 은사에 대하여 가르치는 가장 잘 정리된 것이라 할 수 있다. 본서에서는 이곳에 분류된 성령의 9가지 은사를 종류별로 구분하여 설명코자 한다.

가) 하나님 계시 목적의 은사

ㄱ 지혜의 은사

특별한 지혜와 총명으로 모든 사람을 하나님의 말씀으로 잘 가르칠 수 있는 은사이다. 성경에는 솔로몬이 하나님께로부터 받았던 지혜(왕상 3: 16)가 대표적인 지혜의 은사이며 에스더의 믿음과 지혜, 예수께서 제자들을 가르치실 때에 비유로 하신 것(마 13:)과 사람들의 어려운 질문에 적절하게 대답하신 것(마21: 23-27, 22: 15-22, 요8:7) 등에서 이 은사를 볼 수 있으며 사도들의 사역 속에서도(행 6: 1-7, 고전2: 1-5) 많이 볼 수가 있다.

지식의 은사로 많은 것을 얻고도 지혜의 은사가 없어서 실패하는 경우가 종종 있는 것이다. 치유사역에 있어서는 필요한 조치나 기도처리의 지혜를 주시는 것이며 예상치 않았던 긴급

상태가 발생되었을 때에 적절하게 대처할 수 있는 지혜를 하나님으로부터 얻어야 한다. 이것이 지혜의 은사이다.

㉡ 지식의 은사

이 은사는 열심으로 교회를 섬기며 하나님의 말씀을 잘 깨닫고 가르치는 은사이다. 모든 것을 다 아시는 하나님의 지식 가운데 하나님께서 사람들에게 알려 주시기를 원하시는 말씀을 계시해 주시는 것으로 주의 몸된 교회의 성장과 발전에 관한 정보 같은 것을 발견하고 분석하여 명료하게 하는 지식이다.

이 은사는 인간의 노력이나 연구 공부의 결과가 아니며 온전히 하나님으로부터 오는 초자연적인 지식에서 조명되어 나오는 것이다.(고전1: 5-6)

이 은사는 성경에 수없이 많이 나오는데 여호수아가 여리고 성이나 아이성을 이길 수 있는 작전을 미리 알게 된 것(수8:) 엘리아나 엘리사가 행했던 수많은 일들이 모두 이 은사에서 이루어진 것이었다. 예수님께서는 이 은사를 자유자제로 활용하셨으며(마17: 27, 막5: 36, 9:25, 눅19: 33, 22: 10-12, 요1: 47, 4: 18, 9: 3, 13: 26) 베드로가 아나니아 삽비라의 거짓말을 미리 알아낸 것(행5: 3), 고넬료에 관한 환상을 본 것(행10: 17-23), 빌립 집사가 미리 지시를 받아서 움직인 것(행8: 26), 바울이 환상을 보고 마게도니아로 건너간 것(행16: 6-10) 등에서 지식의 은사로 하나님이 역사 하신 것을 볼 수가 있다.

이 은사는 치유사역에 있어서 적용될 말씀을 주시는 것, 어떤 상황에서 하나님이 어떻게 역사 하시는지를 알게 하며 치유사 역시 치유 부위를 알게 하는 것, 질병의 원인이나 질병 진단을 밝혀 알게 하는 것, 장애 요인을 미리 알게 되는 것 등의 은사인 것이다.

이 은사가 임하는 방법은 환상이나 영감이나 꿈이나 불 체험이나 순간적인 하나님의 음성으로 되기 때문에 항상 성령의 음성에 민감한 자세가 되어 있어야 한다. 이 은사를 통해 보고 듣고 읽고 느끼고 말하고 행하게 된다.

㉢ 영분별의 은사

이 은사는 영을 분별하여 거짓 영, 거짓은사를 방지 배격할 수 있는 은사이다. 영적인 일을 잘 분별하여 하나님께로서 온 것인지? 사람에게서인지? 사탄으로부터 오는 것인지? 등을 확실히 알게 해주는 초자연적인 은사이다.

이 은사는 이단사설, 거짓선생, 성령과 악령, 하나님의 가르침과 사람의 가르침 등을 잘 분별하게 하는 은사이다.

이 은사는 치유 사역시 질병의 원인 파악, 영적 상태를 분석, 거짓됨과 참됨, 선과 악, 죽는 것과 사는 것, 성령과 악령, 하나님의 가르침과 사람의 가르침 등을 잘 분별할 수 있는 은사이다.

입신은사에는 반드시 이 영분별의 은사가 있어야 입신은사가 이루어지며, 마귀 귀신 축사 기도에도 반드시 이 영분별의 은사가 있어야 한다. 목회자들에게 이 영분별의 은사는 꼭 필요한 반드시 있어야 하는 은사라 하겠다.

나) 능력행사 목적의 은사

㉠ 믿음의 은사

믿음은 구원을 받는 것이나 은사의 믿음은 따로 있다. 순교라도 할 수 있는 믿음, 특별한 섭리에 의해 특별할 때에 부여되는 강한 믿음, 큰 기적을 발생시키는 은사가 믿음의 은사이다. (요11:41,42, 마8: 10, 행3: 16, 막11: 22,23, 히11장)

성경에는 큰 가뭄에 엘리아에게 주신 믿음(왕상 17장), 다니엘과 그 세 친구에게 주셨던 믿음(단1: 8-15, 3: 16-18), 히브리서 11장에 열거되어 있는 믿음의 사람들의 믿음, 예수님도 감동 받으신 믿음(마8: 10, 15: 28, 마9장) 등 수없이 기록되어 있다.

치유사역에 있어서는 질병치유에 확신하는 믿음, 치유사역에 있어서 불치병, 난치병이나 중병 환자를 앞에 놓고도 치유명령 기도를 할 수 있는 믿음, 권세와 능력이 나타나며 말과 행동을 통해 질병치유의 기적이 일어나는 은사가 믿음의 은사이다.

질병치유의 기적적인 능력은 이 믿음의 은사가 반드시 나타
날 때에 이루어지는 것이다.

㉡ 능력 행함의 은사

말과 행동에 권세와 능력이 있어서 순간적인 위험을 면할 수
가 있고 하나님의 뜻을 이루어 힘있게 주의 일을 할 수 있게 되
는 은사, 영물을 제압하는 능력, 마귀 귀신을 축출하는 능력,
일반적인 자연법칙을 뛰어넘어 하나님께서 직접 관여하심으로
써 상상을 초월하는 기적을 일으키는 능력의 은사가 바로 이
능력의 은사이다.

치유사역에 있어서는 마귀 귀신을 쫓아내며(막16: 17), 죽
은 사람을 살리기도 하며(행9: 36-42), 자연의 기적이 나타나
기도 하며(사38: 1-8), 환자에게 하나님이 직접 치유하시도록
하는데 사용되며 이는 창조적인 믿음을 통하여 행해진다

㉢ 치유의 은사(신유의 은사, 병 고치는 은사)

기도의 능력으로 영·혼·육의 각종 질병을 치유케 하는 은
사, 환자를 보면 기도하고 싶은 마음이나 악령 사탄을 때려잡
아야겠다는 의분이 생기는 은사, 하나님께서 병을 치유하시고
건강을 회복시켜 사는 날 동안 새 생명의 기쁨으로 주께서 주
신 사명을 감당하며 하나님의 중재자 역할을 하게 하는 은사,
질병을 치유케 하는 은사가 치유의 은사이다.

이 은사는 주를 믿는 자라면 누구나 질병치유의 사역을 행할 수가 있으며 더구나 목회자들에게는 100% 이 은사가 임해 있는 것이다(요14: 12-, 막16: 17,18) 치유은사는 복음전파에 강력한 수단이며 주님의 명령이기도 하다.

다른 은사도 마찬가지겠지만 이 은사는 더욱이 사용하면 할수록 더 강하게 나타나며, 치유사역 전이나 사역 중에 그리고 사역 후에 사탄 마귀의 공격이 있을 수 있으므로 그러한 생각이나 요소를 기도로 제거하면서 치유사역을 행하여야 함을 명심해야 한다. 이 치유은사는 뒤에 더 상세히 강론하게 될 것이다.

다) 하나님 메시지 전달 목적의 은사

㉠ 예언의 은사

장차 있을 일을 미리 알아서 사리를 판단하고 시험을 예방할 수 있는 은사, 사람들 속에 숨은 비밀도 드러내어 날카롭게 책망도 권면도 통고도 할 수 있는 은사, 하나님의 메시지를 받아서 하나님의 백성들에게 전달하는 것으로써 하나님의 계시된 말씀을 알리는 하나님의 초자연적인 능력을 예언의 은사라 한다.

(ㄱ) 예언의 종류

(a) 말씀예언 : 성경말씀 그대로가 약속이요 예언이므로 적절

한 말씀을 선포함으로써 그러한 일이 일어나도록 하는 예언이다(눅6:38, 마6:33, 사53:5, 창12:2-3)

(b) 믿음예언 : 믿음으로 선포한 말씀대로 되어지도록 하는 것이다(마8:13, 막5:34, 11:23,24, 요20:23, 롬8:28)

(c) 감동예언 : 기도 시나 예배 중에 마음에 감동이 와서 어떤 소원이 강하게 오는 경우이다(출36:2-7, 학1:12-15)

(d) 방언통변 예언 : 방언통변을 통해서 예언이 나오는 경우이다.

(e) 은사예언 : 은사로써 하나님이 직접 예언을 그 입과 마음과 생각에 부어주어 예언하게 하는 경우이다 (렘1:4-10, 겔3:10,11, 슥1:1)

(ㄴ) 예언은사의 사용

이 은사는 사용함에 있어 반드시 덕을 세우며 권면하며 안위하는 것이 되어야 한다(고전14: 3). 그러나 하나님이 허락하시며 강권하시는 일이면 강항 책망으로 말할 수도 있다.(렘1:10)

예언은 분명한 믿음 속에서 전달되어야 하며(롬12:6) 반드시 성취되어야 한다. 그러나 때로는 취소될 수도 수정될 수도

있다.(렙18: 7-10)

예언은 반드시 틀리는 예언, 거짓예언도 있을 수 있으므로 항상 조심해야 하며 예언하는 사람은 반드시 영분별을 하여야 할 필요가 있다.(마7:20)

모든 일을 무조건 예언으로만 해결하려고 하는 자세를 버리고, 내용에 따라 하나님께 물어보아 상담대면을 해야 할지, 계시의 은사나 예언의 은사로 해야 할지, 아니면 두 가지를 병행해서 실시해야 할지 등을 잘 분별하여 지혜롭게 하는 것이 바람직한 일이다.

치유사역에서 환자의 문제·진로 등을 예고 예언함으로써 환자의 믿음을 유발시키고 마음의 상처를 먼저 치유한다면 이 은사는 참으로 치유사역에 있어 귀한 은사가 되는 것이니 잘 활용해야 할 은사이다.

ⓛ 방언의 은사

자신은 배우지도 알지도 못하는 특수언어로 하나님께 표현하는 언어적 은사이며 하나님의 메시지를 특수언어로 하나님의 백성들에게 전달하는 은사가 방언은사이다.

방언은 정상적인 발성기관인 입, 성대, 입술, 혀 등을 사용하기는 하나 의식은 전혀 활동하고 있지 않은 상태에서 성령에 의해 영감으로 받은 언어이다.

방언은 성령세례를 받은 가장 대표적인 표적이기도 하다.

(막16:17, 행2: 1-11, 10: 44-48, 19: 6-7)

방언은 기도사명의 은사이며 마귀 귀신을 축출하는데 유익한 은사이며 이 은사는 사람을 의식하지 않고 오랜 시간 기도할 수 있는 은사이기도 하다.

방언에는 대신방언(對神方言) 대인방언(對人方言) 대물방언(對物方言) 등이 있으며 방언에 대해 거부감을 가진 사람에게는 이 은사가 임하지 않는다.

(ㄱ) 방언은사의 유익

여의도순복음교회의 조용기 목사는 그의 저서 「성령론」에서 방언의 유익한 점들을 아래와 같이 열거했다.

첫째 : 하나님과 직접 교제, 교통을 가능케 한다(고전14:2)

둘째 : 개인 신앙의 향상을 가져온다(고전14:4)

셋째 : 통역의 은사를 통하여 예언과 같은 효과를 가져올 수 있다(고전4:13)

넷째 : 더 깊은 찬송과 기도의 도구가 된다(고전14:15)

다섯째 : 믿지 않는 자들에 대한 믿음의 표적이 된다(고전14:22)

미국의 해럴드 브레드슨(Harald Bredsen) 목사는 그의 저서에서 방언의 유익에 대해 아래와 같이 설명하고 있다.

첫째 : 방언은 우리의 영이 우리의 정신력을 초월하여 하나님과 교통할 수가 있게 되어 이해할 수 있게 한다.

둘째 : 방언은 우리 안에 있는 영을 자유롭게 한다.

셋째 : 방언은 영이 혼과 육체보다 우세한 위치에 자리잡게 한다.

넷째 : 방언은 하나님께서 우리의 영의 정화를 위해 주시는 것이다. 그러므로 방언은 우리의 정신건강을 위해 중요한 역할을 한다.

다섯째 : 방언은 예배와 찬양과 기도를 위한 새로운 언어를 갖고 싶어하는 우리의 요구를 충족시켜 준다.

(ㄴ) 방언 받는 법

ⓐ 성령 충만한 가운데 간절히 같은 기도를 하다가 어느 순간 혀가 돌아가면서 방언을 말하게 된다(행2:1-13).

ⓑ 능력이 강하게 나타내는 은사 스승을 통해 안수를 받아 방언 은사가 터져 나오는 수도 있다.

ⓒ 성령 충만한 가운데 내 혀를 훈련시켜 내 속에 성령께서 내 혼이 말하는 것을 그치고 내 영이 말하도록 하여 방언을 말 하게 되는 경우도 있다(고전14:1-2) - - 이는 펌프질하는 원리와 같다.

ⓓ 성령 충만을 위해 통성 기도를 열심히 하는 중에 인도자가 "이제 모두 방언으로 기도하십시오" 하고 동시에 모든 사람은 "할렐루야 할렐루야 불로 불로" 등의 짧은 단어를 가장 큰소리로 쉬지 않고 기장 빠르게 수백 번이고 발성

하게 함으로써 점점 혀가 둔해지면서 방언을 하게 된다. 이때에 인도자 은사 스승은 사람들의 입가 두 뺨에 두 손을 대고 방언은사가 나타나도록 안수를 한다. 어느 정도 방언이 정리 정돈이 되고 방언이 익숙해지면서 천천히 빠르게 자유롭게 방언을 해도 된다.

물론 방언도 하나의 성령의 은사인데 사람이 인위적으로 연습하고 훈련해서 배워서 방언을 한다는 것은 아니다. 반복된 기도의 훈련으로 방언은사를 체험케 하는 하나의 방법인 것을 이해하자는 것이다.

(ㄷ) 방언은사의 사용

ⓐ 사람을 의식하지 않고 비밀스러운 기도를 할 수 있으며 (고전14:2) 하나님과 친밀한 관계 속에서 오랜 시간 깊은 기도를 드릴 수가 없으므로 영성훈련에 큰 도움이 되며, 어떻게 기도해야 할 것인지를 모를 때에 이 방언으로 기도를 한다(롬8: 26).

ⓑ 방언은사는 처음에는 그 내용이 단순하고 간단하나 계속 방언을 하는 중에 점점 다양하게 변하기도 하고 부드러워지기도 하며 유창한 방언기도로 발전되어 가며 나중에는 통상적인 언어처럼 자신의 의지에 따라 시작할 수도 있고 그칠 수도 있게 된다.

ⓒ 절대적인 영적 세력 앞에 방해받지 않고 소리내어 기도를

할 수 있다(단10:12-14).

ⓓ 평상시 생활 속에서 다른 일을 하는 중에도 방언으로 기도를 할 수도 있으며 방언으로 찬양을 할 수도 있다(고전 14:15, 엡5:19).

ⓔ 전혀 배우지 않은 언어를 사용하는 다른 민족들에게도 복음 증거와 치유사역과 표적을 나타내기 위해 방언을 사용할 수도 있다. 그럴 때에 그들은 그들대로의 방언으로 알아듣기도 하고 깨닫고 통하기도 한다.

ⓕ 치유사역에 있어서는 성령 충만한 영적 상태에 빨리 몰입할 수 있으며 마귀 귀신을 축출하는 데는 방언기도가 가장 효과적이라는 것을 방언기도 해본 사람은 누구나 깨달을 수 있게 된다.

(ㄹ) 방언통역의 은사

각종방언을 사람들의 언어로 통역 통변하는 은사이다. 이 은사는 하나님의 영감이 허락되었을 때에 가능해진다.

치유 사역시 심령의 비밀을 알아 숨겨진 질병원인도 분석해 낼 수 있는 은사이다. 성령의 능력으로 방언은사가 유창하고 올바르다면 방언통역의 은사도 동시에 저절로 체험할 수가 있다. 예언의 은사와 방언의 은사와 방언통역의 은사는 같은 계통의 은사로 서로 잘 통하기 때문이다.

필자의 경험으로 본다면 입으로 방언기도를 유창하게 열심히 하는 중에 자신이 의도하지도 않았는데 저절로 우리말 기도가 터져 나올 때가 있다. 그러다가 또 방언기도, 또다시 우리말 기도, 이렇게 반복된다면 이를 잘 발전시켜서 정리정돈이 될 때에 그 우리말기도 내용이 방언 통역이 되는 것이고 또 입으로는 방언기도를 유창하게 열심히 하는 중에 자신의 머리에 분명하고 똑똑한 생각이 자꾸 떠올려질 때가 있다. 이를 잘 발전시키고 정리정돈이 되면 이는 곧 일종의 예언은사가 되는 것이다.

(ㅁ) 방언통역 은사의 사용

ⓐ 방언통역의 형태로는 방언하고 통역하는 일반적 통역형태. 입으로는 방언하고 머리 속에는 통변이 되고 있는 동시통역 형태, 전체 의미 전달에 있어서 일부분만 전달하는 형태 등이 있다.

ⓑ 방언통역은사가 갑자기 임하는 경우도 있지만 보통은 방언 은사의 오랜 활용으로 자기의 방언통역을 거쳐서 타인의 방언을 통역하는 단계로 발전하게 된다.

ⓒ 방언통역의 내용이 예언일 경우도 있게 된다.

ⓓ 치유사역 시 심령의 비밀을 밝혀 냄으로써 숨겨 있는 질병의 원인을 찾아내고 해소하는데 이 은사가 활용된다.

ⓔ 잘못된 통역의 내용이 나와서 오류가 발생되는 일이 없기 위하여 자신의 영적 상태와 그릇에 따라 통역의 단계를

고려해서 하는 것이 좋겠다. 왜냐하면 높고 깊은 단계의
예언이나 통역은 오랜 경험과 훈련과 깊은 영성을 요구하
기 때문이다.

1단계 : 위로와 권면, 믿음과 용기, 부드러운 책망과 결
        단 요구 등.

2단계 : 과거와 현재에 대한 더 깊고 구체적인 위로와 권
        면.

3단계 : 현재 문제의 해결책 제시.

4단계 : 미래에 대한 해결책과 방향 제시.

5단계 : 나라와 민족, 교회와 사역에 대한 장래 일의 예
        언, 통역 등

3. 은사 체험의 방법

1) 은사는 어떤 사람이 체험하는가? (Who)

(1) 고전12:31, 사44:3…… 뜨겁게 사모하는 자에게.

(2) 행2:38, 약5:16…… 회개하고 죄사함 받아 하나님의 의가 이루어진 자.

(3) 해1:4-5, 요3:33-36…… 말씀에 순종하는 자.

(4) 마7:7-12, 눅18:1-8…… 구하고 찾고 두드리는 자에게.

(5) 요7:39, 갈3:14…… 믿음이 있는 자에게, 믿고 기도하고 믿어야.

2) 은사는 어느 때에 체험하는가? (When)

(1) 행10:44…… 함께 모여 말씀을 들을 때에.

(2) 행2:1-4, 4:31…… 함께 모여 성령 은사 바라고 뜨겁게 기도할 때

(3) 행8:17, 19:6…… 은사 체험한 지도자가 안수 기도할 때

(4) 삼상7:9, 창22:21…… 재물을 드릴 때

3) 은사는 어떤 상태가 될 때에 체험되는가?

(1) 행2:4, 4:8, 31, 13:9…… 성령이 충만해질 때에

(2) 행21: 4, 11, 벧후1:21…… 성령에 감동된 상태가 될 때

(3) 행10:19, 롬8:16…… 성령에 사로잡힐 때, 성령 안의 의식상태.

4. 입신의 은사(入神, Ecstasy)

입신(入神)이란 신(神)의 세계, 하나님의 세계에 들어간다는 뜻으로 영이 하나님의 품으로 들어가는 것을 체험하는 은사이다. 성경 중에 은사장인 고전12장, 13장, 14장이나 성령의 9가지 은사중에나 성경 어디에도 '입신'이라는 말은 없으나 이것은 특수한 영적인 현상을 체험하는 은사를 표현하는 은사 용어이다.

성경 어디에도 삼위일체(三位一體)라는 말은 없다. 그러나 성부·성자·성령 삼위가 하나라는 뜻의 신학적인 하나의 용어로써 삼위일체라는 말을 비성서적이라는 말을 하지 않고 사용하고 있는 것처럼 '입신'도 특수 은사 용어로 사용하는 것이라 이해하여야 할 것이다. 그러므로 '신'이라는 용어가 그대로 성경에 없다 하여 이를 비 성서적이라는 말은 하지 말아야 할 것이다.

성령의 은사란 고전12장에 기록되어 있는 9가지 은사는 모든 은사 중에 대표적인 것이라 할 수 있고 이 외에도 성령의 능력이 나타남으로 되는 은사는 많다는 것을 알아야 한다.

'입신'은 믿음은사, 예언은사, 능력은사, 영분별 은사, 등이 동시에 나타나게 되면 누구나 입신상태가 될 수 있다. 여기서 '입신' 은사를 논하는 것은 이 은사를 자랑하거나 특별히 권장하거나 강요하는 것은 아니며 이 은사를 체험하면 영적 은사생활에 유익한 점이 있다는 것과 필자의 경험으로는 대마귀 사탄을 쫓아내는데 이 은사를 활용하면 가장 짧은 시간에 가장 완전히 해결할 수 있다고 믿기에 이 지면에 소개하는 것임을 이해하기 바란다.

1) '입신'을 다른 말로써 표현한다면?

(1) 성령에 강하게 완전히 사로잡힌 상태.

(2) 비몽사몽간에 환청, 환상, 환각 상태가 되는 것.

(3) 성령에 이끌려 천국 영계로 영이 올라가는 상태.

(4) 의식이나 행동이 정지되고 생각과 의지가 중단되고 자아가 하나님의 영에 인도되어 지배를 받게 되는 영적 정신상태.

(5) 깊이 잠든 것같이 힘이 빠지고 몸이 빳빳이 굳어지고 환상중에 이상을 보는 상태.

(6) 영과 혼의 일부가 일시적으로 몸을 떠나서 영계(靈界, 천국과 지옥)에 가게 되는 상태.

(7) 존 윔버는 능력 안에서 고꾸라짐, 성령 안에서의 안식, 성령에 의해 압도당함, 영광스러운 발작 등으로 표현한다.

(8) 영어로는 Slain in the Spirit(성령 안에서의 깊이 잠
듦)또는 resting in the Spirit(성령 안에서의 안식)이
라 한다.

2) 입신 은사는 점진적으로 단계적으로 임한다.

(1) 제 1단계 : 성령에 사로잡혀서 뒤로 넘어지거나 쓰러져
눕는 단계.
(2) 제 2단계 : 성령에 더욱 깊이 완전히 사로잡혀 손, 발,
온몸이 부자유해지며 완전히 굳어지면서 몸
이 공중에 뜨는 것같이 되는 무아지경 단계.
(3) 제 3단계 : 영안이 열리는 단계. 일부가 육을 벗어나 영
계로 갈 수 있는 단계, 영분별이 되어 영적
세계를 볼 수 있으며 사람의 심령도 투시할
수 있는 단계.
(4) 제 4단계 : 영이 영계를 오가며 주님을 만날 수 있는 단
계. 입신 절정의 단계.

3) 입신 은사의 유익한 점

(1) 천국과 지옥을 실제적으로 체험하니 영적 체험의 신앙을
가지게 함.
(2) 주님을 만나 영적으로 대화하니 영적 산 신앙을 맛보게 함.

(3) 사탄, 마귀, 귀신의 정체를 알고 보게 되니 축사기도에 가
　　장 적합함.

(4) 영적 치유가 가능하므로 치유사역에 절대적인 효과가 있
　　고 유익함.

(5) 입신기도로 영육간 문제가 해결된다.

(6) 육이 잠깐이나마 약해지고 영이 승리하므로 마음에 참 평
　　화를 맛보는 은혜의 체험을 함.

4) 입신 기도의 실례

(1) 감리교 창설자 죤 웨슬리(John Wesley)가 설교할 때에
　　사람들이 기절하듯이 집단으로 넘어지고 입신이 되었다
　　고 한다.

(2) 아프리카 선교사 선다싱이 선교 활동 중 어느 나무그늘에
　　서 쉬면서 기도한 것이 깊은 영적 기도가 되어 오랜 시간
　　입신상태로 많은 영적 체험을 하였는데 나중에 깨어나 보
　　니 벌에 쏘여 온몸이 뚱뚱하게 부어 있었다고 하니 이것
　　이 바로 선다싱의 입신기도였다.

(3) 1740년 죠지 횟필드(Georgy Whitefield)가 입신을 자
　　신도 체험하고 다른 사람을 많이 입신시키기도 했다 한
　　다.

(4) 최근에는 미국의 케드린 쿨만(Kathlyn Kuhlman)이나

찰스 헌터부부(Chales & Hunter) 죤 윔버(John Wimber) 프란시스 맥너트(Fransis Macnutt) 등 세계적 치유은사 사역자들을 통해서 입신 역사가 많이 나타나고 있다 한다.

(5) 필자는 고등학교 2학년 때에 깊은 산 속에서 단식기도 중 비몽사몽간 깊은 영적 기도가 되어 주님을 만나는 입신의 체험을 처음하고 현재까지 45년간 전국에 초교파 700여 교회에 치유부흥회와 각종 은사집회에서 여러 차례 깊은 입신을 하고 개인 또는 수십 명을 집단으로 입신 은사를 체험케 하는 기도를 드려 왔는데 많은 사람들이 입신 은사를 체험하는 것을 보아 왔다. 이번 세미나 중에도 참석한 여러 목회자들이 필자와 함께 직접 깊은 입신상태의 영적 체험을 할 수 있을 것으로 믿는 바이다.

5) 입신기도의 성경적 근거

구약성경에서

(1) 에스겔의 입신 체험(겔8:1-6)
에스겔 선지자가 환상 중 여호와의 손이 에스겔의 머리카락을 잡고 들어올려 하늘과 땅 사이로 올라간 상태를 경험했다.

(2) 다니엘의 입신체험(단10:8-19)

다니엘이 환상 중 이상 기적을 보았다. 그때에 몸에 힘이 다 빠지고 깊이 잠든 것 같은 신령한 체험을 하였다.

(3) 엘리야의 입신체험(왕상19:11-18)

엘리야가 여호와 하나님을 만나서 대화하며 강한 바람과 지진과 물소리 등을 경험했다.

(4) 아브라함의 입신체험(창15:12-18)

아브라함이 깊이 잠든 중에 환상을 보았다.

(5) 야곱의 입신체험(창32:24-32)

야곱이 브니엘에서의 하나님의 사람과 씨름을 한 것.

(6) 모세의 입신체험(출3:2-14)

모세가 불타는 떨기나무 가운데서 본 환상과 환청.

(7) 예레미야의 입신체험(렘4:23-26)

예레미야가 폐허에 대한 환상(하늘에 빛이 없으며 산들이 작은 산들이 요동하며 땅은 황무지가 되어 있는 상태를 봄) 이는 예레미야의 입신체험이다.

(8) 사6장 암 7장, 8장 - - 이사야와 아모스의 사역은 입신 상태의 경험에서 시작되며 예레미야는 입신체험을 "내가 취한 사람 같고, 포도주에 잡힌 사람 같으니" 했다.(렘 23:9)

신약성경에서

(1) 바울 사도의 입신(고후12:1-4)

바울 사도가 삼층천 하늘나라에 이끌려 갔다온 상태 "내
가 몸 안에 있었는지 몸 밖에 있었는지 알 수 없는 상태"
이었으니 이는 분명히 바울 사도의 입신상태였음.

(2) 베드로의 입신(행10:9-16)

베드로가 비몽사몽간 하늘 문이 열리고 땅의 짐승과 공중
의 새들이 담긴 하늘나라에서 내려온 그릇을 본 환상상태
는 베드로의 입신 체험임.

(3) 변화산 사건(마17:1-13)

변화산에서 베드로, 요한, 야고보 가 모세와 엘리야와 예
수님의 변형된 모습을 본 것은 분명 이들의 입신상태였음

(4) 사도 요한의 입신(계1:9-20)

사도 요한이 밧모섬에서 성령에 감동되어 영의 눈, 영의
귀, 영감의 문이 열려서 주님을 만나보고 주님의 계시의
말씀을 직접 받을 때 죽은 자같이 엎드러졌으니 이는 사
도 요한의 입신 체험이었음.

(5) 예수님의 탄생과 사역과 관련되어 일어난 사건들

엘리사벳과 마리아가 기뻐 뛴 것(눅1:41-55).

예수님이 세례 받으실 때에 하늘이 열리고 비둘기 같은
성령이 임하여 음성이 들린 것(막1:9-11).

에스겔이 하나님의 손에 의해 끌려 올라간 것처럼 예수의 시험받으심(눅4:1-12)

하나님아버지와 영적 합일을 이룬 최고상태를 암시하는 그의 대제사장적인 기도(요 17장)

구름과 음성, 강한 영적 교섭에 의한 신비적 황홀경과 더불어 일어난 예수의 변형 사건들, 이 모두가 입신상태에서 되어진 일들이다.

이 모든 성서적 근거를 보아서 입신은사가 잘못된 은사가 아니라는 것을 알 수가 있다.

우리 모두가 이 입신상태의 신비한 영적 체험을 하였으면 좋겠다는 생각이 든다.

6) 입신 상태에서 주의할 점

(1) 입신상태에 들어가는 사람 옆에서 다른 사람은 대화소리나 소음 등은 삼가야 하며 몸에 손을 대는 것도 삼가야 한다. 모기 파리 등은 미리 없애야 하며 출입문을 통제하고 드나드는 사람이 없도록 해야 한다. 그 대신 조용히 천국찬송을 불러 주는 것은 유익하다.

(2) 입신기도 중 자기도 모르게 눈물로 회개를 할 때는 성령께서 우리의 영과 더불어 역사하는 것이며 우리가 연약할 때에 친

히 우리를 위하여 탄식하며 기도하는 것이다.(롬8:26)

(3) 입신을 체험하고 깨어난 사람은 장시간 몸이 굳어 있었으므로 온몸에 힘이 없고 몸을 자유로 움직일 수가 없게 된다. 그러므로 몸에 새 힘이 생길 때까지 주님을 생각하고 누워 있다가 일어날 수 있을 때에 조용히 일어나는 것이 좋다. 일어났을 때에는 옆에서 다른 사람이 어깨와 손발을 좀 만져주는 것이 회복이 빨리 되는데 도움이 된다.(단 10:18-19)

7) 누가 입신 체험을 잘 할까?

(1) 하나님의 주권에 달렸으므로 하나님께서 원하시는 자.

(2) 마음이 순전하고 청결한 자(마5:8)

(3) 사모하고 기다리는 영(시107:9)

(4) 하나님과 기도 사역자와 기도 받는 자 사이에 영적 채널이 맞을 때.

(5) 자기 의지를 발동하지 않는다.

(6) 입신은사를 체험하기 전에 환상의 은사나 영분별의 은사나 영감의 은사나 투시의 은사를 이미 체험한 사람이 입신은사를 쉽게 체험할 수가 있다.

제 4 강
치유목회 치유사역의 실제적 방법

1. 치유은사(신유은사)에 대하여

1) 치유(Healing)은사의 의미

(1) 치유사역에 있어서 성경적인 질병의 의미

◇ 롬4: 19-20 ·········민음이 약해진 상태를 질병이라 했음
◇ 고전8:10-12·········양심이 더러워진 상태
◇ 레26: 15-16·········죄중에 있는 상태
◇ 갈4: 9·················정신적으로 천박해진 상태

이렇게 볼 때에 질병이란 인간의 영·혼·육·심령·인격·정신·가정·사회·환경 등 모든 삶의 영역이 평안을 잃고 조화가 깨진 상태를 곧 질병이라 함을 알 수 있다.

(2) 치유사역에 있어서의 치유의 의미

성경에는 "치유"와 "구원"이 같은 말로 쓰이고 있다.

눅7: 48-50에 "네 죄 사함을 얻었으니" "네 믿음이 너를 구원하였으니 평안히 가라" 했는데 병이 치유되었다. 이는 사람이 죄에서 구원받음이 곧 치유였다는 것을 알 수 있다.

눅17: 19에 예수께서 나병환자를 고쳐 놓으시고 "네 믿음이 너를 구원하였느니" 하셨는데 그 나병은 치유가 되었다. 이

는 이상 상태에서 온전해지는 것이 곧 치유임을 알 수 있다.

막5: 34에 예수님 옷자락을 몰래 만진 열두 해 혈루증 여인에게 "네 믿음이 너를 구원하였다, 평안히 가라 병에서 놓여 건강할지어다" 하셨는데 열두 해를 고생하던 고질병 혈루증이 치유되었다. 이는 질병을 고침 받는 것이 곧 치유임을 알 수 있다.

마8: 23-27에 풍랑을 만난 위기에서 구출된 것도 치유였다.

딤전2: 15에 평안의 상태를 보전하는 것도 치유였다.

그러므로 치유의 의미는 성경적으로 신학적으로 육체의 질병을 고치는 것뿐만 아니라 영·혼·육·정신 전체가 온전하고 흠이 없게 하는 구원의 사역이 곧 치유임을 알 수 있다. 치유는 하나님의 나라가 이루어진 상태 구원의 능력으로 영생이 주어진 상태가 곧 치유이다.

(3) 어떠할 때에 치유가 이루어지는가?

① 요7: 39, 갈3: 14 은사의 믿음을 가질 때

② 고전12:31, 사44: 3, 시107:9 뜨겁게 간절히 사모하는 자에게

③ 행2: 38, 벧전2: 24 철저한 회개로 죄 사함 받아 하나님의 의가 이루어질 때

④ 행1: 4-5, 요3: 33-36 순종하는 자에게

⑤ 마7: 7-12, 눅11: 13, 눅18:1-6 구하고 찾고 두드리는 간절한 기도가 있을 때

⑥ 롬8: 11 그리스도의 영이 거하실 때

(4) 어떠할 때 치유가 일어나지 않는가?

① 환자에게 영적인 장애문제가 있을 때

◇ 롬1: 18 환자에게 신앙고백이 없어 하나님의 의를 이루지 못할 때(불의,不義)

◇ 약5: 15, 사59:1-3, 렘30:15 죄 회개가 없는 상태(불법,不法)

◇ 마8:13 환자에게 믿음이 없는 상태(불신,不信)

② 환자의 마음의 자세가 장애요인이 될 때

◇ 요5:6-8 베데스다 못 가에 38년 된 병자에게 예수님이 "네가 낫고자 하느냐?"라고 물으신 것은 보다 적극적인 본인이 병이 낫고자 하는 마음의 자세를 요구한 것이었다. 만약 환자 자신이 병이 낫고자 하는 간절한 의지가 없거나 예수님의 능력으로 병이 고쳐질 수 있다고 믿는 믿음이 없거나 하면 질병치유가 되지 않는다.

◇ 마6:15 환자 자신이 남을 용서하지 못하면 치유가 일어나는데 장애가 된다.

③ 환자의 육체에나 환경상에 장애가 있을 때

◇ 질병의 원인이 되는 환경이나 습관이나 조건이 변하지 않고 그대로 있으면 치유가 일어나지 않는다. (술 알코올 중독, 담배골초, 마약복용, 음욕, 악습관 등)

④ 하나님의 섭리나 인간이 알 수 없는 하나님의 뜻이 있을 때

◇ 욥, 바울의 경우

치유사역에 있어서 인간이 헤아릴 수 없는 하나님의 섭리나 뜻으로 되는 상황도 있음을 알고 치유시 역시 문제가 있을 때마다 하나님의 도우심을 기도하고 하나님의 섭리와 뜻을 따르는 자세가 필요한 것이다.

그럴 때에 "하나님! 어찌하여 이러한 질병을 주셨사오며 어찌하여 치유가 되지 않습니까?" 하는 기도를 성령 안에서 힘있게 하는 훈련이 필요한 것이다.

⑤ 치유 사역상의 문제점

◇ 사역자의 질병진단 착오가 생겨서 기도방법이 잘못되었을 때(단순한 정신병자와 귀신병으로 정신 이상인 자 등)

◇ 사역자의 능력, 사랑, 은사, 등의 부족함이 있을 때

◇ 치유사역 후 후속조치를 잘못하여 질병이 재발되거

나 치유를 부인, 부정하는 경우가 생길 때(눅11:
24-26, 일곱 귀신이 들어와 환자의 병이 더 심해짐)
◇ 하나님이 역사하시도록 하지 않고 자신의 열심이나
힘이 앞서가는 기도를 했을 때.
◇ 환자의 신앙과 질병상태에 따른 단계적 치유과정을
거치지 않고 성급하게 치유하고자 할 때.

2) 질병의 원인 진단

치유는 하나님께서 능력으로 하시는 것이나 목회자가 치유
사역에 임하려면 환자의 질병원인을 정확하게 진단을 할 필
요가 있으며 질병의 원인을 바로 진단할 수만 있다면 원인에
따른 적절한 치유사역 방법이 따르게 될 것이다.

구체적인 질병진단에 대해서는 뒤에 질병 진단학에서 강론
하겠으나 여기서는 성경적인 질병의 원인 진단에 대해서만 언
급하기로 한다.

(1) 죄 값으로 하나님의 징계의 채찍으로 오는 병

◇ 시53:1-6 범죄한 인간의 뼈를 흩으신다. - - 이는 질병
과 죽음.
◇ 창2:17 땅이 저주를 받고 인간은 종신토록 수고해야
함.
◇ 레26: 16 죄로 인해 재앙이 내려 폐병, 열병으로 눈이

어두워짐

　◇ 신28:16 성읍에서도 들에서도 저주를 받는다.

이처럼 죄가 원인이 되어 사람의 영까지는 병이 침입하지
는 않으나 혼과 육에 찾아드는 질병들이다.

※ 이 병의 치료방법은 죄 회개를 철저히 하여 죄 용서 받으
　면 즉시로 치유가 된다.

(2) 악령(사탄, 마귀, 귀신)의 침입으로 오는 병

　◇ 엡4:27, 요13:2 - - 악령이 틈타는 상태
　◇ 눅22:3, 요13:27, - - 악령이 들어간 상태
　◇ 행10:38 - - -악령에 눌리는 상태
　◇ 마4:24, 마8:16,28 - -악령이 들린 상태.

이는 영적으로 악한 영, 병마, 귀신이 사람의 영에 침입하여
영혼과 육체에 질병을 일으키는 상태.

※ 이 병의 치유방법은 예수 이름으로 병마, 귀신을 쫓아내
어 버리면 즉시로 치유가 된다.

(3) 불순종과 인간의 부주의로 오는 병

◇ 출15:26 하나님의 말씀을 청종치 않으면 애굽의 모든 질병이 내리게 된다.

◇ 레26: 16 하나님 순종치 않음으로 재앙을 내려 폐병, 눈이 어둡고 생명이 쇠약해진다. 이는 하나님께 불순종한 영과 육의 질병이 온다는 말이며 또는 생리적 현상이나 인간의 부주의나 실수로 인하여도 신체상 조직이 손상을 입는 질병이 올 수 있다는 것이다.

※ 이병의 치유방법은 기도하고 약방이나 병원에 가서 치료 받는 것이 현명한 일일 것이다.

(4) 하나님의 자녀들 신앙훈련 목적으로 오는 병

◇ 욥1: 8 욥은 정직하고 하나님을 경외하며 악에서 떠난 자이나 욥의 신앙훈련목적으로 질병이 오게 되었다.

※ 이 병의 치유방법은 시련에 믿음 흔들리지 않고 잘 감당해 나가면 질병이 오히려 유익해지며 저절로 해결 치유가 될 수 있다.

(5) 하나님의 뜻으로 오는 병

◇ 바울 사도의 경우

※ 이 병의 치유방법은 인내하며 하나님께 영광 돌리면 병은

저절로 치유되는 병이다.

3) 치유은사의 형태

(1) 병들기 전에 질병을 미리 막아서 건강케 하심

(은사치유, 근본치유)

◇ 출23: 25-26 너희 중에 병을 제하리니

◇ 신7: 15 모든 질병을 멀리하여 악질 질병이 임하지 않게 하심.

◇ 막16: 18 무슨 독을 마실지라도 해를 입지 않게 하심.

◇ 살전5:23 너희의 영·혼·몸을 주 강림하실 때까지 흠 없게 보전하리라.

(2) 병든 후 기도하여 성령의 능력으로 치유하심

◇ 마8:17 주께서 우리의 연약함을 친히 담당하시고 모든 병을 짊어지셨도다…… 그러므로 주님께 맡기는 믿음만 있으면 병이 치유된다.

◇ 고전6:19-20 너희 몸은 성령의 전, 주님의 전, 값으로 산 것이라…… 주님 책임지고 치유 건강케 하신다.

◇ 약5:14-15 너희 중에 병든 자가 있느냐 기도할지니라. 믿음의 기도는 병든 자를 구원, 주께서 일으키신다→치유

4) 치유사역에 치유능력이 어떻게 나타나는가?

(1) 기도사역자의 은사의 믿음이 있어야

치유기도 사역자가 치유의 은사를 체험하고 산을 옮길 만한 믿음과 능력이 있고 불치병, 난치병 환자를 앞에 놓고도 질병 치유 추방 명령기도를 할 수 있는 그러한 믿음이 있어야 한다.

(2) 기도 받는 환자의 믿음

환자에게는 구원받을 수 있는 믿음, 예수 이름의 능력을 성령의 능력을 절대 믿고 완전히 주께 맡기는 믿음이 있어야 한다. 아직도 믿음이 없는 환자라면 믿음을 가르쳐 길러 주어서 기도할 것이다.

(3) 환자 보호자의 믿음

환자의 보호자는 치유기도 사역자를 절대 신뢰하는 믿음으로 치유분위기를 조성하고 의심하는 자나 시험하는 자가 주변에 없도록 해야 한다.

(4) 환자에게 어떻게 믿음을 길러주는가?

출15:26에 하나님은 치료하는 신이시라 했다.

믿음이란 무엇인가?

믿음은 주님께 모든 것을 완전히 맡기고 절대 의지하고 무조건 복종하는 것이다. 우리가 주님께 모든 것을 완전히 맡기고 믿음으로 기도하면 병을 고침 받게 된다.

△ 요한복음14:1-23 이 말씀이 믿음 없는 환자에게 믿음을 가르쳐 심어주는 좋은 말씀이다.

△ 요14: 1에 "너희는 마음에 근심하지 말라 하나님을 믿으니 또 나를 믿으" 했고

△ 요14: 6 에 "주님이 곧 길이요 진리요 생명이" 했고

△ 요14: 13에 "예수의 이름으로 무엇을 구하든지 다 들어주신" 했고

△ 요14: 17에 "성령이 우리와 함께 거하신" 했고

△ 요14: 23에 "주께서 저희에게 오셔서 거처를 함께하리"

△ 고전3:16에 "우리의 몸은 하나님의 성전이요 성령의 전이" 했다.

△ 요1: 12에 "영접하는 자 곧 그 이름을 믿는 자들 에게는 하나님의 자녀가 되는 권세를 주셨으니" 했다.

이런 말씀들을 믿고 받아들이면 우리가 믿음을 가지고 예수님을 영접하여 우리 심령에 모시게 되면 우리 몸이 주님의 거처(주님의 안방), 주의 전, 성령의 전이 되는 것이다. 우리 몸을 안방 거처로 삼으시는 안방 주인마님이 예수님이라는 것이다.

※ 이것을 믿는다면 우리 몸에

◇ 정신병, 두통병, 현기증, 간질병, 뇌졸중, 고혈압, 저혈압, 뇌일혈, 뇌종양, 뇌신경마비 등 머리 부분의 질병이

면 주님의 거처 안방의 지붕 천장이 고장난 병이 된다.

◇ 심장병, 간질환, 비장, 폐장, 신장, 쓸개, 소장, 대장, 십이지장, 위장, 방광 등 오장육부에 생긴 질병과 부인과 질병, 비뇨기과 질병 등은 주님의 거처 안방의 구들장, 방바닥이 고장난 병이 된다.

◇ 팔다리 신경통, 요통, 관절염, 각기병, 허리디스크, 대퇴골 고관절 통증, 목 디스크 등의 질병은 주님의 거처 안방의 기둥뿌리가 흔들리는 병이 된다.

◇ 귀, 눈, 입, 코(耳目口鼻)의 질병, 구안와사증, 안면신경마비 등의 질병은 주님의 거처 안방의 창구멍 창문이 고장난 병이 된다.

예수님은 바보 멍텅구리가 아니시다. 오히려 현명하시고 능력이시다. 그리고 예수님은 우리 몸을 만드신 창조주시다. 고장난 안방을 그대로 거처를 삼으시고 구멍나고 펑크가 나고 구들장이 내려앉은 그런 안방에 그냥 앉아 계실 그런 분이 아니시다.

고장난 부분, 병든 부위를 주님이 먼저 다 아시고 주님 알아서 자동적으로 수리하시고 치료하시고 고치시고 싸매 주실 주님이시다. 우리 몸을 만드신 분이 고장나고 비뚤어진 부위를 수리하지 못하겠는가?

그러므로 병 고침을 받는 믿음이란 주님을 영접하여 내 몸의 안방 주인으로 모셔들이고 그 주님께 완전히 맡길 수 있는 믿음이니 병 고침을 위하여 기도할 때에 "내 병을 고쳐주소서" 하는 기도를 하지말고

"주여 내게 오시옵소서, 주여 내게 임재하소서"

"주님 내가 주님을 믿사오니 주님을 내 몸의 안방마님으로 영접하오니 주님 내게 오시옵소서, 주님 내 안에 거처를 삼으시옵소서" "마라나타, 마라나타, 마라나타"

이 기도를 많이 해야 옳을 것이다. 믿음의 확신이 생길 때까지 이 기도를 해야 한다.

야고보서5:15 에 "믿음의 기도는 반드시 들으시고 주께서 병든 자를 일으키신" 하셨다. 믿으라. 믿으면 믿음대로 된다.

5) 성령의 기름 부으심(Anointing, 도유(塗油),Unction)(고후 1:21,요일 2:27)

(1) 성령의 기름 부으심의 뜻

성령의 기름 부으심이란 하나님께서 우리에게 성령으로 기름 부어 주시는 것을 말하는 것이며 성령에 의해 강하게 완전히 사로잡히는 것을 말한다.(삼상16: 13)

성령의 기름 부으심이 임할 때 하나님의 임재하심과 하나님의 영광의 강하고 확실한 체험을 수반하는 것이며(행9:3), 하

나님의 권능과 예수그리스도의 권세와 성령의 능력으로 덧입혀져 하나님의 모든 능력으로 충만해지는 것을 말하며, 성령에 사로잡히고 예수 그리스도에게 사로잡히게 되므로 예수 그리스도의 능력이 나타나게 된다.(요14:11,12, 행1:8, 엡1:17-19, 엡3:16-19)

○ 요14:16 내가 하나님께 구하겠으니 그가 또 다른 보혜사를 너희에게 주사 영원토록 너희와 함께 있게 하시리니

○ 요14:26 보혜사 곧 아버지께서 내 이름으로 보내실 성령, 그가 너희에게 모든 것을 가르치시고 내가 너희에게 말한 모든 것을 생각나게 하시리라.

○ 고후1:21 우리를 너희와 함께 그리스도 안에서 견고케 하시고 우리에게 기름을 부으신 이는 하나님이시니 저가 또한 우리에게 인 치시고 보증으로 성령을 우리 마음에 주셨느니라.

○ 일요2:20 너희는 거룩하신 자에게서 기름부음을 받고 모든 것을 아느니라

○ 일요2:27 너희는 주께 받은 바 기름부음이 너희 안에 거하나니 아무도 너희를 가르칠 필요가 없고 오직 그의 기름 부음이 모든 것을 너희에게 가르치며 또 참되고 거짓이 없나니 너희를 가르치신 그대로 주안에 거하라.

이처럼 하나님께서 우리에게 성령으로 기름 부어 주실 때

○ 예수께서 그리스도이심을 우리가 더욱 확신하게 되고
　(요20:31)

○ 온전한 사람이 되어 그리스도의 장성한 분량에 이르게 되
　고(엡4:13)

○ 살든지 죽든지 내 몸에서 그리스도가 존귀케 되고(빌
　1:20)

○ 제사장, 왕, 선지자적인 권능이 나타나며 증인이 되고
　(행1:8)

○ 성령의 은사와 열매들이 있게 되고 그리스도의 영광이 드
　러나게 된다.(요14:26)

(2) 구약에서의 기름 부으심

구약에서 기름 부으심은 히브리어 '미세하'로서 '기름 붓다'라
는 동사 '마사흐'에서 나온 말이다.

선지자를 세울 때에

왕상19:16 너는 또 님시의 아들 예후에게 기름을 부어 너를
대신하여 선지자가 되게 하라.

왕을 뽑아 세울 때에

삼상9:16 내일 이맘때에 내가 베냐민 땅에서 한 사람을 네게
　　　　　보내리니 너는 그에게 기름을 부어 내 백성 이스라

엘의 지도자를 삼으라 그가 내 백성을 불레셋 사람
의 손에서 구원하리라

왕상1:39 제사장 사독이 성막 가운데서 기름 뿔을 가져다가
솔로몬에게 기름을 부으니 이에 양각을 불고 모든
백성이 솔로 몬 왕 만세를 부르니라.

왕하11:12 여호야다가 왕자를 인도하여 내어 면류관을 씌우
며 율법책을 주고 기름을 부어 왕을 삼으매 무리
가 박수하여 왕의 만세를 부르니라.

제사장을 세울 때에

출28:41 너는 그것들로 네 형 아론과 그와 함께 한 그 아들
들에게 입히고 그들에게 기름을 부어 위임하고 거
룩하게 하여 그들로 제사장 직분을 내게 행하게 할
지며,

이처럼 선지자, 왕, 제사장을 세울 때 성별하고, 헌신하고,
성화시키는 행위로서 기름을 부었다.

(3) 신약에서의 기름 부으심

신약에서는 예수님께서 먼저 기름 부으심을 받으시고 또한
믿는 자들에게 기름을 부어 주신다.

예수님은 그리스도(기름부음을 받은 자)이시며

누가복음 4:18 주의 성령이 내게 임하셨으니 이는 가난한 자

에게 복음을 전하게 하시려고 내게 기름을 부으시고 -

만약에 예수님께서 하나님의 아들 곧 하나님으로 사역을 하셨다면 기름부음을 받으실 필요가 없는 것이다. 누가 감히 하나님께 기름을 붓겠는가?

예수님은 위대한 권능과 영광을 버리고 오히려 자기를 비어 종의 형체를 가져 사람들과 같이 되었다. 그러기에 예수님은 먼저 기름부음을 받은 자로 그리스도이시고 우리도 그를 영접하여 기름부음을 받으면 예수님과 같은 일을 할 수가 있고 그보다 더 큰일도 할 수 있게 되는 것이다.(요14:12)

그러므로 예수를 믿는 자는 성령께서 임하시기만 하면 되지만 특별한 소명을 받고 치유사역을 잘 감당하기 위해서는 기름부으심이 반드시 있어야 한다.

우리가 사역의 길로 들어서는 순간 우리는 죄, 질병, 마귀들과 싸워야 한다. 여기에 성령의 기름 부으심이 없으면 결코 승리할 수 없다. 그러므로 성령의 기름 부으심은 반드시 필요하며 또 이것은 누구나 사역자라면 받을 수 있는 것이다.

(4) 성령의 기름 부으심은 하나님이 약속하신 것이다.

눅24:49 볼지어다 내가 내 아버지의 약속하신 것을 너희에게 보내리니 너희는 위로부터 능력을 입히울 때까지 이성에 유하라 하시니라.

행1:4-5 사도와 같이 모이사 저희에게 분부하여 가라사대

예루살렘을 떠나지 말고 내게 들은 바 아버지의 약
속하신 것을 기다리라 요한은 물로 세례를 베풀었
으나 너희는 몇 날이 못되어 성령으로 세례를 받으
리라 하셨느니라.

(5) 성령의 기름부음을 받아야만 소명을 감당할 수 있다.

행10:38 하나님이 나사렛 예수에게 성령과 능력을 기름 붓
듯 하셨으매 저가 두루 다니시며 착한 일을 행하시
고 마귀에게 눌린 모든 자를 고치셨으니 이는 하나
님이 함께 하셨음이라.

행 2:39 이 약속은 너희와 너희 자녀와 모든 먼데 사람 곧
주 우리 하나님이 얼마든지 부르시는 자들에게 하
신 것이라.

그래서 "성령을 받으라"고 했다.

요20:22 말씀을 하시고 저희에게 향하사 숨을 내 쉬며 가라
사대 성령을 받으라

행 2:38 베드로가 가로되 너희가 회개하여 각각 예수 그리스
도의 이름으로 세례를 받고 죄사함을 얻으라 그리
하면 성령을 선물로 받으리니

그리고 "성령을 부어 주리라" 했다.

행2:17 하나님이 가라사대 말세에 내가 내 영으로 모든 육체
에게 부어 주리니

행2:18 그때에 내가 내 영으로 내 남종과 여종들에게 부어
　　　주리니
잠1:23 나의 책망을 듣고 돌이키라 보라 내가 나의 신을 너
　　　희에게 부어주며,

(6) 성령의 기름부음을 받는 방법

① 회개해야 한다(행2:38)
② 예수그리스도의 이름으로 세례를 받아야 한다(행2:38)
③ 절대순종하며 하나님 뜻 앞에 완전굴복 해야 한다(행
　　5:32)
④ 성령이 임하시도록 집중적 기도를 해야 한다(눅11:24)
　　성령의 기름 부으심을 원하여 기도를 한다면
　　"성령으로 강하게 사로잡아 주옵소서" "하나님 친히 임재
　　하여 주옵소서" 이런 기도를 많이 해야 한다.
그럴 때에 성령의 기름 부으심이 이루어지게 되는 것이다.
⑤ 받은 줄로 확신해야 한다.
막11:24 그러므로 내가 너희에게 말하노니 무엇이든지 기
　　　　도하고 구한 것은 받은 줄로 믿으라 그리하면 너희
　　　　에게 그대로 되리라

(7) 성령의 기름부음에 나타나는 현상들

① 웃음과 울음이 있게 된다(창21:6, 시126:2, 갈5:22)

② 기쁨과 즐거움이 따른다(시68:3, 사55:12, 빌4:4)

③ 방언과 영안이 열림 등 성령의 은사가 나타난다(행2:1-4)

④ 술 취한 듯한 행동을 하게 된다(행2:13-15, 삼상1:12-17)

⑤ 쓰러지는 현상이나 입신 상태가 되기도 한다(단10:1-, 고후 12:1-, 요18:6, 마17:1-6, 계4:1-)

이와 같은 현상은 성령님이 임하시어 강하게 사로잡히게되니 성령 안에서 육신의 기능이 잠깐 동안 멈추게 되는 현상이다.

(8) 성령의 기름 부으심의 모습들

① 불같이 임하심(행2:3)

② 바람같이 임하심(요3:8, 행2:2)

③ 비둘기같이 임하심(마3: 16, 막1: 10)

④ 비같이 임하심(호6:3)

⑤ 기름같이 임하심(삼상16: 13, 눅4:18)

⑥ 술같이 임하심(행2: 12, 엡5: 18)

⑦ 인같이 임하심(고후1:22, 엡4:30)

이와 같은 성령이 임하시도록 집중적으로 기도를 해야 한다.

성령의 기름 부으심이 있기 위해 회개하고 공중권세 잡은 마귀 세력을 대적하여 물리치고 성령께서 공중권세를 잡아 달라고 기도하며, 오랜 시간 찬양 가운데 들어가 성령의 기름 부으심이 임하도록 하며, 그때에 성령의 기름 부으심을 위하여 간절히 기도하며 온몸 전체를 성령으로 사로잡아 달라고 기도해 나갈 때에 더욱 기름 부으심은 증가되어지는 것이다.

그리고 평소에 늘 성령의 기름 부으심 가운데 있도록 무시로 기도하는 삶을 살아 나아가야 한다.

(9) 성령의 기름 부으심의 종류

① 성령의 존재를 체험하는 기름 부으심

예수그리스도의 보혈의 능력을 체험하게 되며 회개, 은혜, 하나님의 용서하심 등을 체험하게 된다.(행2:38)

② 사역을 위한 기름 부으심

성령세례, 임재하심, 교통하심 등의 은사들이 나타난다.

③ 왕권적인 기름 부으심

강한 권세와 능력을 받아 강력한 사역을 할 수 있는 단계로 써 철저히 예수그리스도께 순종함을 통해 나타난다.

2. 치유사역의 실제적 방법

1) 치유사역자의 자세와 준비

(1) 치유 사역자로서 충분한 지식을 갖추어라

① 치유사역의 이론적 지식

② 경험적인 실제적 지식

③ 치유사역에 필요한 각종 은사체험

④ 치유사역의 장애요소 제거

⑤ 환자의 기도시의 체위, 여러 가지 질병 중 기도순서.

⑥ 치유기도의 테크닉

(2) 치유사역자의 자세

① 하나님은 병든 자들이 치유되기를 원하신다. 나에게도 나를 통해서도 치유은사의 능력은 나타내신다는 것을 확실히 믿는 믿음의 자세가 갖추어져야 한다.

② 고통 중에 질병을 앓고 있는 환자들을 진정으로 불쌍히 여기는 뜨거운 마음을 쏟아 바치는 사랑의 자세가 되어야 한다.

③ 믿음의 기도는 병든 자를 구원한다(약5:15) 이러한 자세로 하나님께 전적으로 맡기고 힘있게 간절히 기

...하는 기도의 자세가 되어야 한다.

④ 치유기도 사역자는 자신을 이기며 지속적으로 병마가 떠나갈 때까지 줄기차게 기도를 해야 하며 오랜 시간 도 기도할 각오를 가지고 임하면서 기도의 응답을 받 는 법을 배워야 한다.

⑤ 치유기도 사역자는 자신의 전 존재와 영혼을 쏟아 부 으며 절박한 기도를 해야 하며 마귀의 궤계를 능히 대 적하기 위하여 하나님의 전신갑주를 입고 기도와 간구 에 전심전력을 기울여야 한다.(눅3: 103, 요일3:8, 마 16:19)

⑥ 치유기도 사역자는 환자의 병이 고쳐지는 것이 100% 위로부터 내려오는 하나님의 능력으로 되어지는 것을 철두철미하게 믿고 사역자의 손에 의해 사역자의 힘에 의해 되는 것이 아니라는 것을 명심하고 나의 인위적 인 어떤 방법을 사용하려 들지 말아야 한다.

2) 치유사역 기도의 시작

(1) 개인별 치유사역 기도(치유 안수기도)

① 치유면담 : 미리 치유면담 카드를 작성케 한다.

치유기도 면담 카드 제   호

(기도일자 : 년 월   일) (성령치유 능력목회 연수원)

성 명		성 별	남 녀
주 소		나 이	
교 회 명		생년월일	
병 명		전 화	
병 증 세		핸 드 폰	
치료병원		교회직분	
병 력	년 개월	학 력	
기타 기도 청원			

위의 면담 카드를 환자가 미리 작성하여 제출케 하고 치유 기도를 시작하기 전에 내용을 검토하여 환자의 영적 상태, 인 격적 상태, 환경상태, 질병상태, 믿음상태, 등을 자세히 파악 하고 기도해야 한다.

② 환자의 질병진단을 한다.

질병진단은 관용(寬容) 찰색(察色) 맥진(脈診) 문진(問診) 청진(聽診) 타진(打診) 등의 방법으로 질병진단을 정확히 하

고 무엇보다도 영진 진단법(靈診診斷法)으로 환자의 질병상태
와 질병원인을 정확히 진단을 한다.

(질병 진단법은 뒤에 질병진단학에서 구체적으로 강론함)

③ 환자의 믿음을 길러준다

환자가 기도할 때에 병을 고쳐달라는 기도보다 "주여! 내게
오시옵소서, 주여! 내게 임재하여 주옵소서, 마라나타 마라나
타"의 기도를 많이 하게 하고 "당신은 이 병이 낫기를 원하느
냐?" "주님은 능력으로 이 병을 고치실 수 있음을 믿느냐?"라고
거듭 물어보아서 환자가 치유의 주님을 인정하고 믿고 영접하
도록 믿음을 길러 주어야 한다.

④ 치유사역 기도의 시작

질병에 따라 환자를 앉게 하든지, 서게 하든지, 눕게 하든지,
엎드리게 하든지, 돌아서게 하든지, 하게 하고 질병 부위에 손
을 얹고 질병치유 명령기도를 한다.

"나사렛 예수의 이름으로 성령의 능력으로 이 ○○○병은 고
쳐질지어다. 치료될지어다. 병마는 물러갈지어" 라고 기도한
다.

※ 치유사역 기도문의 실례

"나사렛 예수 이름으로, 성령의 능력으로"

"활같이 굽은 등뼈, 허리뼈는 정상으로 펴질지어"

"짧은 팔, 짧은 다리는 즉시로 자랄 지어"

"예수의 이름으로 명하노니 사탄아 원수마귀는 물러갈지어"

"이 사람 속에서 나오라, 멀리멀리 떠나갈지어"

"뼈대 골격 관절은 정상으로 제자리에 돌아가고 늘어난 인대와 손상 입은 연골은 정상으로 회복되고 제자리로 들어가라! 통증이 멈추어질지어다, 깨끗이 치료될지어다."

◎ 소화기계통 기도

"예수 이름으로 성령의 능력으로 소화기계통 위장의 질병이 고쳐질지어다. 위액이 정상으로 분비가 되고 위장 내벽의 약간의 염증이 고쳐질지어다. 위장내의 소화력이 정상으로 좋아질지어다. 간과 쓸개를 위해 기도하노니 간 쓸개의 기능이 정상으로 회복될지어다. 간의 염증이 깨끗이 고쳐지고 지방간 상태의 간의 지방분이 완전히 빠져나가고 간과 쓸개에서 소화효소인 담즙이 정상으로 분비되어 담도를 통해 위장으로 정상 공급되도록 예수 이름으로 치료받고 회복될지어다. 믿습니다"

⑤ **치유사역 기도 시 주의사항**

㉠ 치유기도는 몇 번이고 반복해서 치유 명령 기도를 하라. 마가복음 8: 22-26에 예수님도 소경을 향한 치유 기도를 다시 거듭 확인하고 또 기도하시었다.

㉡ 치유 기도 시 여러 가지 질병을 한꺼번에 뚤뚤 뭉쳐서

하려 하지 말고 하나하나 한 가지 한 가지 따로 구체적으로 세밀하게 기도하라.

ⓒ 환자를 놓고 치유기도를 하는 동안에 기도 사역자는 눈을 감지 말고 환자의 반응을 보면서 기도하라.

ⓔ 한 가지 방법의 기도로 효력이 없어 보이면 다른 방법으로도 시도를 하고 그래도 결과가 없으면 하나님의 도우심을 간절히 구하라.

ⓜ 노출, 출혈이 된 상처나 전염성이 있는 상처에 안수를 했다면 기도 후에 철저히 손을 씻고 소독을 하는 것이 현명한 처사이다. 이와 같은 환자를 기도한 다음 그대로 다른 환자를 연속해서 기도하는 것은 절대 삼가야 한다.

ⓗ 치유기도 사역자는 사랑과 믿음에 확신을 가지고 품위를 지켜 권위 있게 치유 명령기도를 해야 한다. 환자의 병이 불치병이거나 쉽게 고쳐지지 않는 난치병일지라도 안 되겠다, 어렵다, 하는 말이나 한숨을 쉬거나 절망적인 언행을 보이지 않아야 한다. 사역자가 낙심하면 환자는 절망에 빠진다.

⑥ 후속조치

치유사역 기도에 있어서 현장에서 반드시 완전 치유가 안 된 것 같아도 이미 없어진 부분이나 일부 치유가 되었거나 통

증이 약해진 것으로도 감사하게 하여야 한다.(골3: 15)

결과가 당장에 100% 나타나지 않았더라도 환자가 실망하도록 내버려두지 말고 "하나님의 능력이 이미 ○○○속에서 치유를 시작했으니 차츰 치유될 것을 믿으"라고 믿음을 심어 주라(막11: 24)

다시는 범죄하지 말라고 일러 주라(요5: 14)

"깨끗한 심령에는 다른 사탄 마귀가 틈탈 수도 있으니 계속 기도하고 주님을 성령님을 단단히 모시라"고 당부하라.

(2) 대중적 치유사역 기도

동시에 여러 사람을 대상으로 하는 대중 치유 사역 기도는 개인별 치유 면담이나 개개인의 질병진단이 불가능하므로 구체적인 치유기도를 할 수가 없다는 단점이 있기는 하나 여러 사람 대중 전체가 모인 곳에서 성령의 역사도 강하게 나타나고 전체가 치유 분위기 조성이 되므로 치유믿음을 유발시키고 성령이 충만케 된다는 장점도 있다.

※ 대중치유 사역 기도

① 치유은사와 믿음으로 기도하여 병 고침이 이루어지는 것과 그리고 예수 이름과 성령의 능력으로 치유 명령 기도를 할 때에 질병이 고쳐진다는 능력에 대하여 전체 대중 앞에 성경 말씀으로 충분히 교육하고 설명하여 자신의 질

병원인이나 장애요인을 깨닫게 하고 먼저 철저한 회개로 각각 믿음을 갖추도록 한다.

② 힘있는 찬송과 통성 기도로 심령의 속박을 풀고 성령으로 충만하도록 준비기도를 함께 뜨겁게 한다.

※ 대중 치유기도문 실례

(뜨겁게 부르고 부른 찬송과 통성 기도로 준비가 되었으면 아래와 같이 설명을 하고 대중 치유기도에 대해 이해를 시켜 믿음을 가지도록 하여준다.)

하나님께서 사랑하시는 여러 성도님들이여, 하나님의 병 고치심의 능력을 믿습니까? 주의 종이 이 시간 예수 이름으로 성령의 능력으로 기도할 때에 이 가운데 갖가지 모든 질병이 치유되는 것을 믿습니까?

주의 종이 예수 이름으로 개개인을 안수할 때에 하나님의 능력으로 질병이 치유된다면 이 많은 여러 사람을 일일이 개인 안수 치유기도를 드릴 수가 없으므로 여러분을 다함께 대중치유기도를 드려도 성령의 능력이 이 가운데 강하고 뜨겁게 운행하여 여러분의 질병이 모두 고쳐질 것을 믿으시기 바랍니다.

지금 여러분은 여러분의 몸 어디에 크고 작은 질병이 있다고 생각되면 통증이 있는 바로 그 부위에 본인의 오른손을 얹으십시오! 질병 부위가 여러 곳이면 왼손도 다른 부위에 얹으십시오. 그리고 믿으십시오, 믿습니까? 아멘 하십시오,

기도하십시다.

전능하시며 거룩하신 능력의 하나님 아버지! 오늘 여기에 모인 여러 사람을 위하여 대중치유기도를 드립니다.

"예수 이름으로 성령의 능력으로 본인들이 자기 몸의 질병부위에 오른손 왼손을 얹었사오니 이 손들을 통하여 성령의 능력이 들어가 온갖 질병이 물러갈 지어다. 예수 이름으로 성령의 능력으로 머리에 질병, 가슴의 질병, 복부의 질병, 수족의 질병, 이목구비의 질병, 팔 다리에 허리, 목과 어깨에 붙어 있는 각종 질병은 깨끗이 고쳐질지어다."

"사탄아! 원수 마귀 더러운 귀신아! 예수 이름으로 물러갈 지어다. 이들은 예수를 믿고 예수를 영접한 하나님의 자녀들이다. 병마는 떠나갈지어다. 멀리멀리 사라져 버릴 지어다. 예수 이름으로 성령의 능력으로 여기 모든 성도들에게 붙어 있는 모든 질병이 치료될 지어다. 믿습니다. 할렐루야! 감사합니다. 하나님 영광 받으소서! 예수님의 이름으로 대중치유기도 드리나이다. 아 멘"

③ 이렇게 믿고 기도했으면 질병이 치유된 것을 믿게 해야 한다.

"지금 대중 치유기도로 자신의 크고 작은 질병이 치유되었다고 믿는 사람 질병이 고쳐졌다고 믿는 사람은 믿음으로 아멘 하고 손을 들어 보십시오"라고 물어보며 자신들이 치유된 것을

믿고 자신 있게 간증도 하게 한다. 치유확인의 효과가 있게 된
다.

3) 내적 치유

(1) 내적 치유란 무엇인가?(히12:15-16)

내적 치유는 깊은 차원의 치유(deep level healing), 잠재
의식, 무의식의 치유, 내적인 상처로 인한 문제와 질병 등 내적
인 영역을 다루며 하나님의 능력으로 이를 치유하는 것을 말한
다.

인간은 시조 아담과 하와의 범죄로 인하여 모든 사람이 내적
인 상처를 가지게 되었고 그 후 인간 스스로도 하나님의 계명
을 어기고 범죄한 죄로 인해 많은 내적 상처들을 남기게 되었
으며(창3장) 타락한 인간 관계에서 많은 상처들이 생기게 되었
다.(고후2:10-11, 갈6:7-8)

내적 치유란 돌과 가시덤불로 가득 차서 딱딱해지고 상처가
난 우리의 마음 밭에 말씀씨앗이 뿌리를 내리지 못하게 하는
요인을 제거하여 치유된 마음 밭에 말씀씨앗이 많은 결실을 맺
게 하는 마음 밭을 치유하는 것이 내적 치유이다.

내적 상처는 치유하지 않고 그대로 두면 그 상처가 곪아 터
져서 자기 자신과의 관계가 잘못 형성되어 미움, 격노, 쓴 감
정, 원한, 용서하지 않음, 낙담, 자살충동, 자기혐오, 도덕 관

넘이 없어서 음란, 외설, 질투심, 신체 기능상에 장애가 생겨 두통, 소화불량, 불면증, 현기증, 등이 나타나고, 다른 사람과의 관계가 잘못 형성 되어 대인 관계 속에서 배타적인 태도, 열등감문제, 타인과의 만남에 두려움 등이 나타나고 하나님과의 관계가 잘못 형성되어 구원에 대한 확신이 없고, 신앙에 회의가 일어나게 된다.

그러므로 내적 상처나 질병이나, 문제들은 내적 치유를 통해 반드시 치유 받아야 하는 것이다.

(2) 내적 상처의 증상들

① 특별히 화를 낼 일도 아닌데 화를 심하게 내며 조절을 못한다.

② 감정의 변화와 함께 감정으로 다른 사람을 불쾌하게 한다.

③ 대인관계가 어렵고 타인과의 교제나 좋은 관계 지속이 어렵다.

④ 부정적 감정이 살아나며 매사에 의욕이 없고 자신조절이 안 된다

⑤ 신앙이 무미건조하며 영적인 것보다 세속적인 일에 관심을 가진다.

⑥ 매사에 자기중심적이며 배타적, 의존적 태도가 강하다.

⑦ 심한 열등감, 부끄러움, 두려움, 우울증, 도피심 등이 심하다.

⑧ 나쁜 습관을 가지며 죽음에 대한 생각을 하게 된다.

⑨ 시름시름 아프게 되며 비건전한 생각을 머리에 떠올린다.

⑩ 점점 더 깊은 죄악 속으로 빠져 들어가는 악순환이 계속
된다.

(3) 내적 치유가 필요한 사람들(마23:47-50, 히6:5-8, 롬8:6,7,13)

① 죄책감이 심한 사람

② 마음에 상처를 잘 받고 스트레스를 심하게 받는 사람

③ 평소에 우울한 기분이 잦은 사람

④ 다른 사람의 부탁을 거절하고 싶어도 거절을 잘 못하는
사람

⑤ 성욕, 소유욕, 공격욕, 성취욕 등을 무조건 억압하려는 사
람

⑥ 분노의 감정을 행동으로 폭발하려는 사람

⑦ 자존심이 낮아서 자신을 많이 학대하는 사람

⑧ 울고 싶어도 소리내어 마음껏 울지 못하는 사람

⑨ 웃을 일이 있어도 마음껏 소리내어 웃지 못하는 사람

⑩ 한번 받은 상처가 오래 가고 그 상처로 인해 삶에 지장을
받는 사람

(4) 내적 치유는 왜 해야 하는가?

요10:10 도적이 오는 것은 도적질하고 죽이고 멸망시키려는

것뿐이요 내가 온 것은 양으로 생명을 얻게 하고 더 풍성히 얻게 하려는 것이라.

우리는 구원받았다는 확신과 기쁨이 살아서 약동하여 우리의 가슴속에서 항상 불붙어 있어야 하고 우리의 삶을 지배해야 한다. 어려움을 당해도 이 기쁨과 확신으로 이길 수 있어야 한다.

이렇게 확실한 구원을 받은 자는 그 다음에 내적 치유를 받아야만 풍성한 생명을 누리고 능력 있는 삶을 살아갈 수가 있는 것이다.

우리 속에 흑암의 세력, 어둠의 세력, 내적 상처가 밀려들어와 구원의 기쁨과 심령의 하나님 나라를 밀어내고 있는 것이다. 우리가 구원을 받은 것은 풍성한 생명이라는 열매를 맺을 수 있는 조건을 갖춘 것이요 깊은 내면의 상처를 치유 받지 못한 상태로는 열매를 맺지 못하게 된다.

주님이 우리에게 주신 생명력에는 부요함, 강건함, 참 기쁨을 주는 힘, 뛰어나게 하는 힘, 축복 받게 하는 힘, 세상을 이기는 능력, 변화시키는 힘 등등 무한한 생명력이 들어 있다.

그런데 우리는 이러한 생명력을 나타내지 못하고 있다. 우리의 속 심령이 막혀 있기 때문이다. 이것을 치유해야 하니 이것이 곧 내적 치유인 것이다.

우리는 마음의 깊은 상처를 깨끗이 치유 받아야 성령 충만을 받을 수 있다.

① 열등감을 치유해야 한다(삼상16:6-13)

㈎ 열등감이 생기는 원인

㈀ 환경 때문에 열등감이 생긴다.

부모가 안 계신다거나, 가정 형편이 좋지 못하거나 생활환경이 너무 가난하다거나 할 때에 열등감이 생기게 된다.

㈁ 성장과정에서 열등감이 생긴다.

사랑을 많이 받지 못했거나, 학교 공부를 잘 못했다거나 친구들에게 왕따를 당했다거나, 할 때에 열등감이 생긴다.

㈂ 신체적인 조건 때문에 열등감이 생긴다.

신체장애가 있거나, 키가 너무 작다거나, 몸이 너무 뚱뚱하다거나, 성격이 지나치게 내성적이거나, 외모 콤플렉스에 걸려 있거나 하면 열등감이 생긴다.

㈃ 타인에게 인정받고 싶은 욕구가 강한 것 때문에 열등감이 생긴다.

㈄ 모든 사람에게 강약 다소의 차이일 뿐 열등감은 있게 마련이다.

㈏ 열등감을 극복하는 방법

(ㄱ) 영적 생활이 행복하면 열등감이 사라진다.

구원의 확신, 성공적 예배, 말씀의 은혜, 깊은 영적 기도, 성령 충만 등을 유지할 수 있으면 열등감은 없어지게 된다.

(ㄴ) 마음이 행복하면 열등감이 사라진다.

마음이 병들면 모든 것에 병이 든다. 성령 충만으로 마음이 평안하게 되면 열등감은 없어질 수 있다.

(ㄷ) 몸이 행복하면 열등감이 사라진다.

행복은 마음으로만 느끼는 것이 아니라 몸으로도 느껴야 한다. 몸이 정상적인 행복을 느낄 수 있으면 열등감은 없어질 수 있다.

(ㄹ) 생활이 행복하면 열등감은 사라진다.

마음이 행복하고 몸이 행복하면 생활도 행복할 수 있다.

② 분노를 치유해야 한다 (창4:1-13)

가인은 시기와 분노를 품게 되어 동생 아벨을 죽이는 살인을 했다. 사람이 시기와 분노를 품고 살게 되면 하나님의 나라를 유업으로 받을 수 없게 된다.

왜 분노를 품게 되는가?

자기의 의도대로 되지 않기 때문에, 악한 영의 조종에 말려

들어서, 믿음에서 떨어지게 하려는 마귀의 간계에서 분노를 품게 된다.

분을 내면 성령을 근심되게 한다(눅17:9-13)

분노는 감정의 흥분으로 뇌에서부터 염산백신이라는 호르몬이 과다하게 배출되어 얼굴이 붉어지고 감정의 억제, 자제, 한도가 넘어서 폭발하여 화를 불러일으키게 되고 더 나아가서 폭행까지도 저지르게 되는 것이다.

분노는 억제하라 했다(약1:19-22)

약1:19-22 내 사랑하는 형제들아 너희가 알거니와 사람마다 듣기는 속히 하고 말하기는 더디 하며 성내기도 더디 하라. 사람의 성내는 것이 하나님의 의를 이루지 못함이니라.

잠언25:28 자기의 마음을 제어하지 아니하는 자는 성읍이 무너지고 성벽이 없는 것 같으니라. 분노는 하나님을, 상대방을, 때로는 본인에게도 피해를 주게 된다.

분노는 또한 영적, 심리적, 육체적, 인간관계에 큰 피해를 입히게 된다. 그러므로 분노는 억제하고 치유해야 한다.

분노로 향하는 마음을 하나님께로 향하고 분노의 감정을 다윗처럼 하나님께 호소하면서 풀어 버리라는 것이다.(시109편, 시31:15, 시17:9, 시41:5)

그리고 분노는 성령님께 부탁하여 미움과 분노를 평안으로 바꾸어 달라고 간구하라. 강한 무의식에 잠재해 있는 분노는 그리 쉽게 사라지지 않는다.

그래서 성령님의 도우심으로 무의식에 잠재해 있는 분노의 근원을 치유해야 한다.

(5) 내적 치유의 방법

① 회개와 용서로 치유한다

회개(계2:3, 사59:1,2, 시66:18, 시18:12,13)와 용서(마5:23, 마15:19, 18:18, 막12:30.31, 눅23:34, 요20:23)는 내적 치유의 양대 축이라 할 수 있다.

용서 없이는 회개가 있을 수 없고 용서와 회개가 없으면 내적 치유는 불가능하다. 적극적인 회개와 용서, 구체적이고도 세밀한 회개와 용서를 통해 죄와 상처로부터 자유함을 얻도록 해준다.

다음의 기도문을 참고하게 하자.

"아버지여! 우리기 우리에게 죄지은 모든 사람을 용서하오니 우리의 죄도 사하여 주옵소서(눅11:4)"

"하나님 아버지 저는 ○○○를 용서하기로 결심했습니다. 저는 ○○○의 잘못을 영원히 용서합니다."

"하나님 아버지 ○○○를 용서하여 주옵소서"

"이제 저의 영혼 가운데 상처받은 부분들을 치유하여 주시오 며 또한 그러한 상처들에 대한 기억까지도 깨끗이 치유하여 주셔서 그것들이 나에게 아픔을 주는 것들이기는 해도 주님께서 그것들을 완전히 보상해 주셨다는 믿음을 갖게 하여 주옵소서"

"그래서 이러한 체험을 제가 만나게 되는 다른 사람들을 돕는 일에 활용할 수 있게 하여 주옵소서"

"하나님 아버지! 당신의 풍성하신 자비로 ○○○를 축복해 주옵소서, ○○○의 육체와 영과 혼의 모든 면에서 잘되기를 예수님 이름으로 기도합니다."

이렇게 그 사람에 대한 모든 부정적인 감정들이 완전히 사라질 때까지 하나님께서 그 사람에게 축복을 내려 주시고 모든 면에서 잘 되게 해주시기를 계속해서 기도해야 한다.

이와 같은 회개와 용서가 내적 치유에 있어서는 필수적인 방법이라 할 수 있을 것이다.

② 치유상담을 통하여 치유한다(상담치유)

치유자를 놓고 상담을 통하여 남녀의 성적 차이나, 성경적 부부관계나, 연령별 심리별 차이 등을 이해시키고 상대방의 노력을 너그러이 수용하게 하고 성경말씀을 통해 마음에 새로운 결단이 오도록 도와줌으로써 내적 상처와 문제를 치유 받게 하여준다.

③ 자신의 상처와 고통을 고백하게 하여 치유한다(고백치유)

용서해야 할 부분과 용서 받아야 할 부분들을 하나님 앞에서 정직히 결단하며 고백하게 하며 성경말씀, 위로의 말, 치유기도를 하여 용서를 구하고 용서를 받도록 해 주어서 하나님의 사랑을 깨닫게 하고 나 자신이 하나님의 사랑의 통로가 되어야 함을 인식시켜서 내적 상처와 고통을 치유하게 하여준다.

④ 성령의 능력으로 치유한다(능력치유)

성령의 기름 부으심이 강하게 임하도록 하고 성령의 능력으로 내 속에 어두움의 세력이 틈타고 들어온 것을 제거시키고 영분별과 지식의 은사, 지식과 능력의 은사를 통해 내적 질병의 원인과 종류를 정확히 발견하여 단호하게 성령의 능력으로 쫓아내어 치유되게 한다.

행10:38 하나님이 나사렛 예수에게 성령과 능력을 기름 붓듯 하셨으매 저가 두루 다니시며 착한 일을 행하시고 마귀에게 눌린 모든 자를 고치셨으니 이는 하나님이 함께 하셨음이라.

⑤ 예수님의 권세 있는 이름으로 치유한다(예수 이름으로)

하나님께서는 말씀으로 세상을 창조하셨고 그 말씀이신 예수님을 통해서 천국을 전하고 질병을 치유하게 하신다.

예수님은 치유로 그의 사역을 시작하셨고 눅5:17에 "병을 고치는 주의 능력이 예수와 함께 하더라" 했다.

예수님은 권세와 능력이 있으시며 예수의 이름 속에는 그 능력이 들어 있으시다. 예수님의 이름은 모든 이름 위에 뛰어난 이름이시다(빌2:5-11).

그러기에 모든 병들은 예수님의 이름으로 불러낼 때에 나오게 되고 치유의 능력이 일어나게 된다.

베드로와 요한이 성전 미문 앞에서 나사렛 예수의 이름으로 앉은뱅이를 고치었다(행3:4-9).

예수님께서는 "그의 이름을 믿는 자들에게는 이런 표적들이 따를 것이라"고 말씀하시었다(막16:17-18).

바울 사도는 "무엇을 하든지 다 예수의 이름으로 하라"고 했다(골3:17).

예수님의 이름 속에는 모든 이름 위에 뛰어난 권세가 들어 있다. 이제 우리가 해야 할 모든 일, 특히 병을 치유하는 일은 예수님의 능력과 권세를 믿음으로 어디에서나 예수님의 이름을 담대하게 말함으로 병 치유와 내적 치유의 사역을 감당하게 되는 것이다. 예수의 이름을 불러 내적 상처와 병을 치유하게 되기를 바란다.

"예수 이름으로 명한다. 성령의 능력으로 내적 병마는 물러갈지어다. 치유되어 깨끗이 되라. 예수님의 이름으로 기도합니다."

이렇게 할 것이다.

3. 치유 안수기도에 대하여(마19: 13-17)

1) 안수(按手)란 무엇인가?

안수는 한문으로 按(어루만질 안) 手(손수)로 '손으로 만지는' 것을 의미한다.

성경에도 '만짐(Touch)'과 '안수(Hands, laying on of)'를 같은 의미로 사용하였다. 원어로 '에피테시스' 인데 이는 '공식적으로 손을 얹는 안수'를 의미한다.

성경에 안수기도(按手祈禱)란 말이 약 40회 이상 나타난다. 예수님께서 안수를 제일 많이 하셨고 그 다음은 예수님의 제자 사도들이었다.

2) 안수의 성서적 근거

(1) 구약시대의 안수

◇ 창27장 : 이삭이 아들 야곱에게 안수.

◇ 창48장 : 야곱이 그의 손자요 요셉의 두 아들인 므낫세
와 에브라임에게 안수.

　→ 이는 하나님의 능력으로 하는 축복안수.

◇ 미27:18-23 : 모세가 여호수아에게 안수.

→ 이는 직분 계승의 안수.

(2) 신약시대의 안수

◇ 막10:16 예수님이 어린이를 품에 안고 안수하심.

  → 이는 축복 안수.

◇ 눅4:40 예수님이 각색병자들에게 안수하심.

  → 이는 치유안수.

◇ 행6:12 12사도가 7집사 선택에 안수함

  → 이는 직분안수

◇ 행8:15-17 베드로와 요한이 사마리아 성도들을 안수함

  → 이는 성령 받기 위한 안수.

◇ 행13:3 안디옥교회가 바울과 바나바에게 안수함.

  → 이는 선교사 파송 안수.

◇ 행19:6 바울이 에배소교회 성도들에게 안수.

  → 이는 은사 받기 위한 안수.

◇ 딤후1:6 바울이 디모데에게 안수.

  → 이는 은사 소생을 위한 안수.

(3) 안수할 이유

안수는 구약의 신령한 주의 종들이 시행했고 예수님께서는 여러 번 많이 안수를 하셨으며(막10:16, 계1:7) 예수님이 안수하라고 명령도 하셨다(막16:18).

① 안수하면 축복을 받는다(창27:27).

② 안수를 통해 성령의 은사를 체험한다(행19:6).

③ 안수를 받으면 병고 침을 받는다(막6:56).

④ 안수를 받음으로 약해졌던 은사가 불일 듯 일어난다(딤후 1:6)

(4) 안수하는 목적

① 하나님께 영광 돌리기 위하여(요11: 4)

② 하나님의 축복을 받기 위하여(창27:27)

③ 많은 사람들에게 하나님을 믿게 하기 위하여(요10:42)

④ 성령의 능력을 받기 위하여(행4:30, 19:11, 8:17)

⑤ 병을 고치기 위하여(행19:11, 4:30, 28:8)

⑥ 성령의 역사를 위하여(행8:17)

⑦ 받은 은사를 불러일으키기 위하여(딤후1:5)

⑧ 사명자를 세우기 위하여(행6:6)

(5) 어떠할 때에 안수하는가?

① 죄를 전가할 때(출19:10,15, 19, 레1:4)

② 축복을 빌 때(창27:1-29, 창48:8-22, 마18:13-15)

③ 성직을 임직할 때(신34:9, 삼상10: 1, 행6:6, 딤4:14)

④ 성령 받게 하기 위하여(행8:14-17, 행9:17-18,19:6-7)

⑤ 병을 낫게 하기 위하여 (마8:3, 막8:23, 마16:18,)

⑥ 지혜와 능력 충만을 후계자에게 주기 위하여(신34:9)

⑦ 은사를 불 일듯 하기 위하여(딤후1:6, 겔 1:3)

(6) 안수의 계명

① 안수하는 자의 계명 (딤전 5:22)

◇ 자기심령을 먼저 살펴 정결케 하라(딤전5:22)

◇ 경솔히 안수를 남발, 남용하지 말라(딤전5:22)

◇ 인격적으로 덕을 이루어 두렵고 떨리는 마음으로 하라

◇ 동기가 예수 그리스도의 뜨거운 사랑이 되라(눅5:13)

◇ 몸에 손을 얹는 것 이상 인위적인 힘을 가하지 말라

② 안수받는 자의 계명(딤전4:14)

◇ 조심 없이 아무에게나 안수 받지 말라(딤전4:14).

◇ 안수자의 영적, 신앙적, 잘못이 없는지 분별해서 하라.

◇ 공개적인 장소에서 안수 받아라.

◇ 준비기도가 있은 후에 안수 받아라.

◇ 믿음으로 받아라.

(7) 안수로 능력, 은사 접목기도

안수에 의하여 성령의 은사와 능력이 안수 받는 자에게 접목, 전달, 전수, 전가가 된다.

◇ 모세가 여호수아에게 - - -지혜와 능력 전수 위한 안수

◇ 엘리야가 엘리사에게 ‒ ‒ ‒갑절의 영감을 접목.
◇ 바울이 디모데에게 ‒ ‒ ‒ 영적 지도자 통해 능력접목
◇ 예수님이 제자들에게 ‒ ‒ 능력과 은혜가 계승되어짐
◇ 가말리엘이 바울에게 ‒ ‒ 지혜, 지식, 능력, 전달 안수

제 5 강

질병진단학(疾病診斷學)

1. 치유사역을 위한 질병 진단법

치유사역 치유기도에 있어서 환자의 질병원인을 정확하게 진단하고 질병상태를 바르게 알아낸 후에 그 증세에 따라 기도한다는 것은 매우 중요한 일 중 하나이다.

어떤 면에서 사역자가 "예수 이름으로 성령의 능력으로" 기도하여 그 능력으로 기적적으로 병이 고쳐지는데 인간이 질병 원인을 반드시 진단해야 할 필요가 있겠는가? 하고 생각할 수도 있을 것이다.

그러나 예를 들어서 복부의 통증을 호소하는 환자가 있는데 그에게 무조건 하고 '예수 이름으로' 기도한다고 하여 그 환자의 머리에 손을 얹고 기도하는 것보다는 복부의 통증 원인을 진단하여 그 통증 부위에 손을 얹고 기도하는 것이 환자의 믿음을 돋구어 주는 것이나 환자가 기도 사역자를 향한 신뢰감을 심어 주는 데 절대적인 효과를 거둘 수 있는 것을 체험하게 되는 것이다.

일반 병원이나 한의원에서도 환자의 질병원인을 정확하게 진단하여 병명을 바로 알았다면 그 병에 대한 약 처방이나 치료방법은 의사나 의원이라면 누구나 할 수 있을 것이다.

아무리 유명한 명의라도 오진(誤診)을 하면 환자를 죽일 수도 있는 것이다. 그러기에 우리 치유기도 사역자들도 질병 진단학을 배워서 그 질병에 맞는 기도법을 써야 하는 것이 중요하고 당연한 일일 것이다.

그러나 치유기도 사역자들 모두가 전문의학을 공부한 것도 아니고 질병 진단술이나 인체 해부학이나 인체의 뼈대, 골격의 구성이나 오장육부 사지백체 신경세포 등의 위치나 모양이나 기능에 대한 기본 지식도 없으면서 어찌 수만 종류의 질병을 찾아내어 진단을 할 수가 있겠는가 하는 생각을 하게 될 것이다.

여기서 질병진단학이란 과목을 강의하는 필자도 솔직히 고백하건대 의학을 전공하지도 않았고 세밀하고도 복잡한 전문 질병진단에 대하여 배우고 공부한 일도 없지만 하나님이 주신 특별한 성령의 은사를 통하여서와 깊은 치유 기도시 영안이 열려서 투시(透視)의 영력으로 인체의 모든 구조조직을 보아왔으며 영감으로 영진진단법(靈珍診斷法)으로 질병을 진단하기도 하고 영분별진단법(靈分別診斷法)으로 질병을 진단해 오던 것을 이 교안에서 정리를 하고 이론적으로 체계화하여 본 교재 교안을 만들고 이렇게 강의도 하게 되었다는 것을 솔직히 밝혀둔다. 본서를 접한 치유 사역자 여러분께서는 본 교재 교안에 있는 내용만이라도 여러 번 읽고 더 보충 연구하여 질병 진단의 기본 지식과 실력이 될 수 있도록 교재내용을 숙지하시기 바란다. 그리고 이 교재의 내용을 근거로 더 깊이 연구하여 이보다 더 새로운 질병진단법이 개발되어 나오기를 바란다.

1) 관용 찰색 맥진법(寬容察色脈診法)의 진단법

(1) 관용법(觀容法)

이는 안색을 보고 얼굴의 혈액순환 상태나 안면 피부 상태를 보고 병명을 진단하는 방법이다.

① **희고 창백한 얼굴** : 이는 위장과 심장 질환이 있기 때문. 위장벽이 헐고 상처가 있어 심장의 기능이 약해져 빈혈상태로 나타나는 증상으로 진단.

② **붉게 충혈된 얼굴** : 소장 장애, 신열(身熱)이 있고 심장기능이 약하여 고혈압 상태, 신경성 질환으로 진단.

③ **누렇게 뜬 얼굴** : 간기능 약화로 황달증세로 진단. 오른쪽 신장 기능이 안 좋아 요독(尿毒)이 몸에 퍼지는 상태로 진단.

④ **검게 변색된 얼굴** : 간, 신장질환, 소변이상, 소화불량, 중한 피로감, 눈의 피곤, 안 질환 등으로 진단.

⑤ **피부가 거친 얼굴** : 소장의 변비, 과민성 대장염, 영양실조 등으로 진단,

⑥ **부어 있는 얼굴** : 오른쪽 신장염, 몸 안에 요독이 퍼짐, 성신경쇠약, 정력감퇴 등으로 진단.

⑦ **안면신경마비상태** : 구안와사증. 중풍 시초로 진단

(2) 찰색법(察色法)

이는 손발을 만져보고 눈을 까보기도 하고, 입을 벌려서 혀를 관찰도 하고, 손바닥, 손톱을 살피기도 하고 손등 발등을 눌러 보기도 하고, 윗옷을 벗게 하고 가슴이나 등을 살피기도 하고, 심호흡을 시켜보기도 하고, 손을 들어올려 보기도 하고, 가슴 명치끝을 눌러 보기도 하고, 폐장, 위장, 간장, 신장, 십이지장, 소장, 대장, 부인들의 아랫배 등을 살짝 눌러도 보고 약간 두드려 보기도 하고 하여 질병을 진단하는 진단법이다.

① **손발을 만져봄** : 손발이 차고 피부가 거칠면 혈액순환장애로, 손발 아랫배가 차면 냉증, 손발에 열이 있으면 신열, 두통까지 있으면 해열을 해야할 사람, 손발이 부어 있으면 신장염, 등으로 진단.

② **눈 아래 꺼풀을 뒤집어봄** : 혈색이 있으면 신열과 두통이 있고, 너무 백색이면 빈혈증세로 진단, 눈의 흰자위 전체가 붉게 충혈되어 있으면 눈 안구 뒷면의 망막 출혈증으로 진단, 눈앞이 뿌옇게 안개 낀 것처럼 보이면 망막염으로 진단.

③ **입을 벌리고 혓바닥을 관찰** : 혓바닥이 빨간 선홍색이면 위장에 병이 없고, 그런데도 소화가 잘 안 되고 배가 아프다면 위장 아닌 다른 소화기 계통인 간, 쓸개의 기능 저하 상태로 진단. 혓바닥이 지저분하고 희게 누렇게 백태가 심하면 위장에 병이 있음을 진단,

④ **손발, 손톱 등의 색깔을 봄** : 몸의 영양 상태, 혈액순환 상태 등을 진단.

⑤ **가슴 등 부위를 살핌** : 가슴이나 등 부위에 윤곽이 뚜렷한 마치 고춧가루가 붙은 것 같은 크고 작은 붉은 반점이 있으면 틀림없이 간기능이 안 좋고 간에 질병이 있다고 진단.

⑥ **손등 발등을 눌러봄** : 눌러서 누른 자국이 빨리 사라지지 않고 우묵 들어간 채로 흔적이 남아 있으면 신장염으로 부어 있거나 각기병으로 진단하며, 각기병 진단은 의자에 앉아 발이 땅에 닿지 않게 하고 무릎 전면 종지뼈 밑에 말랑말랑한 부위를 톡톡 때려 보아 다리가 앞으로 퉁겨 나오지 않고 그대로 있으면 각기병으로 진단.

⑦ **심호흡을 시켜봄** : 심호흡 시 기침부터 나오고 호흡이 잘 안 되면 기관지염, 폐장기능 약화, 심장이 약함으로 진단.

⑧ **두 손을 높이 들어봄** : 목 디스크, 어깨 견비통, 오십견, 등을 진단.

⑨ **목을 전후좌우 움직여 봄** : 움직이기에 불편하고 뻐근한 통증을 느끼거나 움직일 수 없는 상태이면 목디스크, 어깨 견비통, 두 팔의 길이가 일정치 않음, 좌우 어깨가 비뚤어짐 등으로 진단.

⑩ **가슴 명치끝을 눌러봄** : 가슴 명치끝은 담도(膽道)이니 그 부분을 눌러서 심한 통증이 있으며 입을 벌려 혓바닥

이 깨끗하면 간, 쓸개에서 담즙(膽汁)이란 소화효소액을 정상 분비하지 않는 증거로 진단. 간염, 지방간, 쓸개의 담석증 등으로 진단.

⑪ **신장 부위를 톡톡 두들겨봄** : 신장의 위치는 양쪽 갈비뼈 끝 부분에서 약간 위쪽이니 그 부위를 뒤에서 주먹으로 약하게 톡톡 두들겨 보아 환자가 깜작깜작 놀랄 만큼 통증을 느끼고 아파하면 신장염, 신장 결석, 요로 이상증으로 진단.

⑫ **십이지장을 눌러봄** : 십이지장의 위치는 위장과 소장 사이에 있으며 명치끝 부분에서 5시 방향으로 5Cm지점, 그 부위를 약간 눌러보아 심한 통증을 느끼고 손에 느껴질만큼 응어리가 있으면 십이지장과 쓸개에 이상이 생겼다고 진단. 십이지장의 응어리가 크고 딱딱하며 때때로 숨이 막힐 정도로 가슴이 답답하고 통증이 심하면 쓸개의 담석증으로 진단, 옛날의 할머니들이 많이 앓던 속아라병으로 진단.

⑬ **소장, 대장을 눌러봄** : 아랫배 배꼽 주위를 눌러보아 딱딱하게 만져지는 부분이 있고 그곳에 눌러서 통증이 있으며 대변이 불편하면 이는 소장의 숙변(宿便)과 변비증으로 진단, 소장 대장의 이상증세는 심장의 기능이 약해진 영향으로 합병증이라 할 수 있으니 심장의 질병상태를 점검

해 보고 소장의 숙변, 변비증을 확인 진단한다. 대장은 속에 묻혀 있어서 소장처럼 복부를 만져보고 진단을 할 수는 없으나 딱 한 군데 대장을 손으로 감지할 수 있는 부위가 있다. 왼쪽 갈비뼈 끝 부분과 엉치뼈 만져지는 곳을 연결한 중앙지점에서 앞쪽으로 약 3,4Cm 되는 지점이다. 눌러보면 말랑말랑한 곳이 감지된다. 그곳을 눌러 보아 통증이 있고 설사를 자주 하는 상태라면 이는 과민성 대장염이라 진단, 과민성 대장염의 염증이 직장(直腸)에 전달되어 직장염이 되면 이는 치질이 된다.

(3) 맥진법(脈診法)

맥진 진맥법은 양지, 중지, 무명지, 세 손가락을 모아 끝 부분으로 환자의 손목 위쪽의 맥을 짚어 보는 진단법인데 건강한 사람의 평균 맥박수가 1분에 75~80회이니 30초 동안의 맥박수를 헤아려 보아 37~40회라면 건강한 사람인데 평균치보다 너무 많아도 작아도 여러 가지 질병이 있다는 진단이 된다.

진맥은 사역자의 오른손으로 환자의 오른손을, 왼손으로 환자의 왼손을 진맥할 때에 중지를 중심으로 몸쪽 무명지는 혈맥(血脈)이고 손 쪽의 양지는 기맥(氣脈)으로 진단한다.

질병진단 원리는 남자는 기맥보다 혈맥이 강하게 뛰어야 하고 여자는 혈맥보다 기맥이 강하게 뛰어야 하는데 그 조화가 맞지 않아서 남자가 혈맥은 약하고 기맥이 강하거나 여자가 기맥은 약하고 혈맥이 강하다면 몸의 건강상태에 이상인 질병이 생긴 것으로 진단하게 된다.

맥박수의 정도를 보고 기맥 혈맥의 강약 정도를 보아서 경험상 통계상 이상 여부와 질병 여부를 판단 진단하는 방법이 맥진법이다. 이 맥진법은 이론적으로 문자로 기록하여 모두를 완전히 설명할 수는 없는 것이고 의사나 한의원은 수많은 환자를 진맥한 경험과 통계적인 자료를 바탕으로 숙지한 의술이니 우리들 치유사역의 지도자들이 하루아침에 이 맥진법을 숙달하기는 불가능하다 할 것이다. 여러 가지 질병의 환자들을 진단해 가면서 차츰차츰 경험하고 숙지해 가야 한다고 본다.

2) 청진, 문진, 타진법(聽診, 問診, 打診法)의 진단법

청진법 : 청진기로 환자의 심장박동 소리를 들어보고 혈액순환의 소리, 호흡기 순환기의 소리를 들어보고 병을 진단하는 방법이 청진법이며 정상적인 소리인지, 소리가 고르지 못한지, 약한 상태, 너무 강한 상태, 너무 빠른 상태 등의 정도를 보아 질병을 진단한다.

문진법 : 문진법은 환자와의 상담을 통하여 여러 가지 상황에 대해 물어보고 그 대답을 듣고 질병상태를 진단하는 방법이다. 부모 형제 가족간의 신앙문제, 우상이나 귀신을 섬긴 과거는 없는지? 꿈이나 신비술에

관여한 일은 없는지? 본인의 정서적, 정신적 상태에 대하여 질문하고 그 답을 들어보며 충격 받은 일, 많이 놀란 일, 남들과 거리끼는 문제가 있는지? 말 못할 비밀의 사실이나 숨기고 감추고 있는 일은 없는지? 질문의 대답이 거짓은 아닌지? 자신이 알고 있는 병명이나 치료병원 치료방법 병 경력 등을 자세히 물어보고 가족관계, 직장이나 사업 문제, 집안 환경, 기호식품, 통증부위, 자각증세, 생리현상 월경상태, 임신 출산 경험상태, 심적 고민 고통 문제 등등을 물어보고 환자의 대답을 들으며 현재의 질병 상태를 진단하자는 것이 문진법이다.

타진법 : 타진법은 질병 부위를 두들겨 보는 방법이다. 왼손 손바닥을 환자의 질병 부위인 위장, 복부, 신장, 가슴, 간, 쓸개, 등 뒤편 등에 얹고 중지 가운데 마디 위를 오른손 중지로 톡톡 두들겨 보는 것이다.

소리의 둔탁함이나 어떤 응어리가 생겼는가 구멍이 생겨 있지나 않는가(폐장) 염증이 심한가, 약간 두들기는 데도 통증을 느끼는가 등을 진단한다.

3) 영투시, 영진법 (靈透視, 靈珍法)의 진단법

영안(靈眼)이 열린 사람이 투시(透視)로 사람의 오장육부

장기의 질병상태를 뚫어보고 진단을 할 수가 있으며 혹은 입신 상태의 제3자를 통하여 투시로 질병상태를 진단하는 방법이 영투시 영진법이다.

영투시 영진법은 한 마디로 영적 진찰 진단법인데 사역자가 고단위의 영력과 영감이나 환상이나 영적인 느낌으로 질병상태를 진단하는 것이다. 특별은사를 활용하여 특별한 영적 기도로 질병진단을 하고 질병치유도 할 수 있는 것이 영투시 영진법이다.

간단한 기도로 치유되지 않거나 많은 시간이 소요되고 고급 악령 사탄이 접해진 질병일 때는 입신상태의 제3자 치유기도 보조자를 길러 영안이 열리게 하고 영분별이 되게 하여 영적으로 주님과 성령님께 물어서 질병진단도 하고 질병치유도 영적 수술도 할 수가 있으며 짧은 시간에 사탄 마귀를 몰아내기도 하는 영적 기도를 할 수가 있다.

성령치유 기도 사역자들은 무엇보다도 관용법, 찰색법, 맥법, 청진법, 문진법, 타진법 등의 질병진단법보다 성령의 은사에 의한 우리들의 고유의 특별 진단법인 영투시 영진법을 사용할수 있도록 되어야 하리라. 그러기 위하여 우리 사역자들이 은사의 믿음을 길러 많이 기도하여 성령의 은사기도, 영적 영진 기도를 언제나 자유자제로 할수 있도록 영력을 길러야 하고 특별한 은사를 체험해야 한다. 영적기도 훈련을 철저히 많은시간 하시기를 바라는 바이다.

4) 질병진단에 참고할 일

오장	육부	이상증세부위	색깔	질 병 상 태
간장	담랑 (쓸개)	눈	청색	• 눈의 피로, 몸에 쌓인 피로 • 시력감퇴, 안 질환 • 눈의 흰자가 파랗게 됨 • 소화력부족, 치질, 성력감퇴
심장	소장	입, 목, 아랫배	적색	• 혈액순환 불순, 손발 저림 • 혈압 이상, 고혈압, 저혈압 • 숙변 변비 또는 설사 • 목 부위 이상증세, 성대변질
비장	위장	혀 위장	황색	• 혓바닥 백태, 혓바늘, 구열 • 당뇨증세, 구토증세 • 소변 이상, • 소화력부족, 위장장애
폐장	대장	코, 기관지	백색	• 콧병(축농증, 비염) • 기관지질환, 편도선염 • 결핵, 호흡기질환 • 기침, 기관지천식
신장	방광 (오줌통)	이빨, 소변상태 갈비 밑 옆구리	흑색	• 소변 이상, 야뇨증 • 신장염, 방광염, 오줌소태 • 신장결석,풍치

◉ 오장육부에서 육부 6번째는 삼초(三焦)이다.
삼초:상초 - 가슴에서 머리까지, 중초-가슴에서 배꼽까지, 하초-배꼽 아래 부분.

5) 간단한 질병 종합진단 비법 요약

(1) 소화기 계통의 질병

소화기 계통이라면 위장뿐만 아니라 입, 식도, 위장, 간장, 쓸개, 담도, 췌장, 십이지장, 소장, 대장, 직장, 항문 등 전부를 일컫는 말이다.

음식을 먹으면 위장은 계속 맷돌질을 하듯이 움직여서 약 2시간 동안 걸쭉한 죽같이 만들어 십이지장, 소장, 대장으로 내려보내면 거기서 음식물의 모든 영양분을 섭취하고 찌꺼기는 대변으로 배설하는 것이 소화기 계통의 하는 일이다.

이때에 5대 소화 효소액이 위장으로 공급이 되어야 한다.

① 입에서 침이 나오고

② 위장에서 위액이 분비되고

③ 췌장에서 췌장액이 나오고

④ 간 쓸개에서 담즙(膽汁)이 생산되어 담도를 통해 위장으로 공급되고

⑤ 뇌의 작용으로 인해 소량 분비되는 염산백신이 들어와 위장 속에 들어온 음식물이 먼저 분해된 후에 소화가 되도록 진행된다.

위장 속에 5대 소화 효소액이 정상공급 분비가 되지 않으면 위장에 들어온 음식물이 고기든 나물 채소든 과일 밥이든 먼저

분해되지 않으니 소화가 되지 않는다. 분해되지도 않은 음식물이 위장 속에서 시간이 초과되어 장으로 내려보내면 장이 부담을 느껴서 소화불량, 잦은 체증, 심한 트림, 구토증, 속쓰림, 등 위장병 증세를 나타내고 십이지장에는 응어리가 형성되고 심하면 적덩어리라 하여 속알이병, 담석증 등의 병을 일으키고 소장 대장에서는 영양섭취를 못하게 되고 숙변, 변비, 설사, 복통 등을 일으키게 되어 몸은 영양실조, 허약체 상태가 된다.

위장 자체는 아무 병이 없어도 간장 쓸개 췌장 등 기능이 약하여져서 소화 효소액 공급이 잘 되지 않고 뇌의 작용으로 만들어지는 염산백신이 정상공급이 되지 않으면 마치 위장에 병이 있는 것처럼 느끼게 된다. 위장병 유무는 혓바닥을 보고 짐작한다. 혓바닥이 선홍색으로 깨끗하면 위장에는 병이 없는 것이고 혓바닥에 백태가 끼고 혹은 누렇게 지저분하면 위장에 병이 있는 것으로 진단한다.

공복에 배가 아프면 위벽이 헐었거나 위염이라 진단할 수 있고 음식을 먹은 후에 배가 더 아프다면 담즙과 염산백신의 공급불량으로 소화불량, 위벽의 심한 상처, 위궤양, 위암 같은 중한 병이 있다고 진단하며 사과, 살구 같은 신 과일을 먹으면 속이 쓰리고 배가 아프다면 위산과다증으로 진단하며 먹으나 안먹으나 항상 배가 아프다면 위암, 위하수, 위확장 등으로 진단한다.

평소에는 배 아픈 일이 없다가 음식을 먹은 후 갑자기 위장을 쥐어짜듯이 창자가 꼬이듯이 통증이 심하고 속이 뒤틀리면서 구토 설사를 겸하여 한기가 들면서 배가 많이 아프다면 급성 식중독으로 진단한다.

이와 같은 식중독에는 찬물이나 찬 음식은 절대 금하고 진통제 약이나 주사는 절대로 쓰지 말고 재래식 식초나 사과식초 매실식초 감식초 등을 간장 종지 같은 작은 그릇에 반 그릇 정도 준비하고 생마늘 3,4쪽을 곱게 두들겨 다져서 넣고 꼭 짜서 한번에 마신다. 마신 후는 토해도 좋고 토하지 않아도 된다. 마늘 식초는 식중독 균을 죽이고 제독하는 약이 된다. 조금 지나서 뜨거운 꿀물을 한 컵 정도 마시면 속을 편안하게 해준다.

식중독을 그냥 약으로 병원치료로 해결하려면 최소한 3일 이상 일주일은 소요되지만 위와 같은 식초 생마늘의 민간 약을 쓰면 하루만에 정상 회복될 수 있다.

잘대 금해야 할 것은 찬물, 찬 음식이며 진통제 약이다.

끓인 보리차 물이라도 차면 먹지말고 반드시 뜨겁게 해서 먹어야 한다.

소화기 계통의 질병에 있어서 한 가지 소장, 대장의 질병을 알아보자. 심장의 기능저하로 그 합병증으로 소장 대장의 병이 되는 수가 있다.

소장은 숙변이 장의 꾸부러진 곳마다 생겨 엉켜서 변비가 되어 대변을 잘 배설하지 못하고 영양섭취도 불량하여지며, 대장은 과민성(혹은 신경성) 대장염이 되어 설사를 하게 되고 대장염이 직장으로 전달되면 치질이 된다.

이를 진단하였다면 먼저 심장기능이 회복되도록 기도하고 간, 쓸개, 췌장 등을 기도하고 소장 대장의 기능회복을 기도하면 소화기 계통이 건강해질 것이다.

소화기 계통의 중요질병에는 급만성 위장 카타르, 위확장, 위하수, 위궤양, 위산과다증, 변비, 설사, 맹장염, 식상, 담석증, 황달증, 췌장암, 간질환, 식중독. 위염, 위암 등이 있다.

(2) 질병치유와 죄 회개와의 관계

질병은 죄와 밀접한 관계가 있다. 모든 병이 다 그렇다고 할 수는 없지만 죄는 병을 일으키기도 한다. 죄를 지으면 사람의 혈액이 나빠진다.

생체실험에서 판명된 것 중에 신경질적인 사람, 혈기가 빡빡 끓어오를 때 피를 채혈해 보니 4분만에 응고되었는데 편안한 사람, 기뻐할 때의 피를 채혈해 보니 12분만에 응고되었다고 한다.

그러므로 사람은 평소에 분노, 혈기, 신경질, 포학함 등의 감정을 갖지 말고 죄를 회개하고 평안하고 기쁜 마음을 가질 때에 온갖 질병이 치유된다는 것이 증명되었다.

(3) 간장질환

인체의 오장육부 모든 장기 중에 유일하게 간장만은 신경선이 통해 있지 않음으로 간장 자체는 간경화, 간암, 간염, 지방간 등의 간장질환이 있어도 자각증세가 없고 아픈 통증을 전혀 느끼지 않는다.

대개는 부근의 다른 장기에 이상이 생기거나 합병증세가 있을 때에 비로소 간장의 질병을 발견하게 되므로 치료 시기를 놓치는 경우가 많다.

간기능이 저하되면 심장병, 신장병, 혈압이상, 당뇨병, 치질, 시력 감퇴, 성력 감퇴, 몸의 겹친 피로감 등을 유발하게 된다.

아래와 같이 자신의 간기능을 테스트해 볼 수 있는 10가지 문제를 제시한다. 간장질환이 있거나 간기능이 저하될 때의 증상이다.

정직하게 아래 물음에 나는 그렇다고 생각되면 ○표를, 나는 그렇지 않다고 생각되면 ×표를, 그럴 수도 있고 아닐 수도 있다고 생각되면 △표를 번호에 기입해 보라.

① 어깨와 목이 뻐근하고 몸이 무겁고 중한 피로감을 느낀다.

② 눈병이 생기고 눈이 피곤하고 시력이 감퇴되는 것을 느낀다.

③ 소화가 잘 안되고 구역질이 나고 속이 답답함을 느낀다.

④ 아랫배 복부 팽배감이 있고 변비증이 종종 생긴다.

⑤ 성력이 감퇴되고 양기 부족을 느끼며, 부부생활에 자신이 없다

⑥ 소변 색이 탁하고 소변 냄새가 많이 나고 거품이 심하다.

⑦ 가슴이나 등, 목 등에 고춧가루가 붉은 것 같은 윤곽이 뚜렷한 크고 작은 붉은 반점이 있다.

⑧ 스트레스 해소가 잘 안 되고 기억력, 집중력이 떨어진다.

⑨ 코, 잇몸, 항문에 피가 날 때가 있고 자꾸만 짜증이 나고 신경질적이며 피부 가려움증도 종종 있다.

⑩ 가슴 명치끝 담도를 누르면 통증이 심하고 음식을 먹으면 자주 체증이 오는 것을 느낀다.

이상 10가지 질문에 정직하게 표시를 했다면 그중 ○표가 5개 이상이거나 ○표 △표를 합하여 7개 이상이면, 나는 간기능이 좋지 않다, 간에 질병이 있다고 생각해야 한다. 이상 표시에서 ×표가 5개 이상이거나 ×표와 △표를 합하여 7개 이상이면 나의 간장은 이상 없다, 간장의 질병은 걱정하지 않아도 된다고 안심해도 된다.

(4) 심장질환

심장은 외부의 충격을 잘 받아 쉽게 그 기능이 저하되고 약해지기 쉽다. 심장의 중요 기능은

① 혈액순환이 원활하게

② 혈압을 정상으로 조종함

③ 자연 소모되는 좋은 피를 생산하는 일

④ 온몸의 원기와 기력을 튼튼하게 하는 일

⑤ 목 부분과 장기의 기능을 원활하게 하고 소화기 계통을
튼튼하게 하는 기능.

심장의 기능이 떨어지고 심장질환이 생기게 되면 혈액순환
불순, 고혈압, 저혈압 증세, 성대, 임파선, 갑상선, 기관지 등
목 병이 생기고 손발이 저리고 소장 대장의 기능 저하로 숙변,
변비, 설사, 심하면 호흡장애, 심장마비(심근경색증)이 오게
되고 혈압이 높아져서 뇌졸증, 뇌일혈, 중풍증 등을 일으킨다.

사역자들은 환자의 질병진단이 신장병이라 한다면 예수 이
름으로 성령의 능력으로 심장의 모든 기능이 정상으로 회복되
고 강심장이 되도록 심장질환의 합병으로 오게 된 몸의 다른
부위들의 질병들도 치유가 될 것을 명하여 기도할 것이다.

(5) 신장질환

신장(콩팥)은 소변을 걸러내면서 몸 안에 나쁜 노폐물들을
씻어내는 기능을 한다. 신장이 약해지고 질병이 오면 신장염,
신장결석, 신부전증, 신허증, 요로결석, 방광염, 방광결석, 소
변이상, 전립선염, 전립선비대증, 얼굴 손발의 부음 등의 질병
을 일으킨다.

신장질환의 진단은 환자의 뒤쪽에서 좌우 갈비뼈 끝 부분 옆
구리를 주먹으로 톡톡 두들겨 보아 환자가 깜짝깜짝 놀랄 만큼

의 통증을 느끼면 신장에 병이 있다고 진단한다.

신장결석이면 결석이 타원형이나 작은 원형으로 매끌매끌하면 소변 따라 밖으로 빠져나오기도 하는데 결석모양이 별 모양으로 쭈빗쭈빗하게 모가 난 것이면 요로에 걸려서 빠져나오지를 못하고 통증이 심하며 피 섞인 소변(혈뇨)을 보게 된다.

이런 경우 병원에서는 레저 치료로 결석을 파괴하여 가루가 되게 해서 소변 따라 흘러나오도록 하거나 아니면 수술을 하게 된다.

우리 치유사역 기도자들은 이 병에 대한 상식을 가지고 "예수 이름으로 성령의 능력으로 신장결석 요로결석이 녹아져서 없어질지어다, 사라질지어다, 깨끗이 고쳐질 지어다"라고 치유명령기도를 할 것이다.

신장염의 염증이 요로를 거쳐 방광에까지 전달되면 방광염이 되기도 한다. 방광염은 다른 이름으로 '오줌소태'라고도 한다.

소변 빈번이 되고 소변을 자주 보면서도 시원하지 않아 잔뇨감이 있게 된다. 이럴 때에도 사역자들은 방광의 염증이 고쳐지고 오줌소태 소변 빈번 상태가 깨끗이 치료되라고 치유 명령기도를 할 것이다.

방광염의 원인으로 야뇨증이란 병이 되어 밤에 잠자면서 어린아이가 아닌 어른이라도 자신도 모르게 소변이 흘러나와 오줌싸개가 된다. 이것은 방광에 소변이 나오는 문이(방광문) 힘이 없어 필요할 때 열리고 닫히는 수축작용이 잘 되지 않고 힘 없이 열려있는 상태라 방광에 소변이 고이게 되나 잠자다가 돌아눕게 되면 저절로 열려있는 방광문으로 소변이 흘러 나오게 되어 야뇨증이 되는 것이다.

이럴 때에도 "방광문이 힘이 있어 수축작용이 잘 될지어다, 야뇨증이 깨끗이 고쳐질지어다" 하고 기도하면 된다.

(6) 호흡기 질환

폐결핵, 폐암, 폐렴, 기관지염, 기관지천식, 감기기침, 편도선염, 호흡장애, 폐문임파선염, 조막염, 인후 카타르 등이 호흡기질환이다.

대개 호흡기 질환은 산소공급이 부족하거나 호흡을 따라 세균 등 불순물이 침투되거나 심장 간장 등의 영향으로 질병이 생긴다.

심한 기침, 각혈, 고열 등 병증세가 나타난다. 치유사역 기도를 해야 할 것이다. 호흡기 질환을 예방하거나 치료하기 위해서 '단전호흡(복식호흡)법'을 배워서 단전호흡이 습관화되어지면 호흡기 질환은 예방되고 치유도될 수 있다.

※ 단전호흡법(복식호흡법)

배꼽 아래 3Cm가 단전혈(丹田穴)이다. 단전호흡은 복식호흡이라고도 한다. 단전혈이 있는 그 부위의 배 안에까지 공기가 가득히 들어오도록 호흡을 하라는 말이다.

오른손을 펴서 손바닥을 단전혈 위에 올려놓는다. 코로 숨을 들이마시되 가슴을 들먹거리지 말고 들이마시는 공기가 손을 올려놓은 단전혈 배속에까지 들어와 단전혈 배가 불룩이 나오도록까지 하나, 둘, 셋, 넷 헤아리면서 크게 많이 마신다.

그리고 다섯, 여섯, 일곱, 여덟 헤아리면서 입으로 배속의 공기를 내뿜는다. 이렇게 단전혈 배속까지 공기가 들어오도록 심호흡을 하는 것을 단전호흡이라 한다.

필자는 평소에 말을 하거나 찬송을 부르거나 항상 단전호흡을 습관적으로 하기 때문에 아무리 고성으로 고함지르며 설교를 하고 때로는 일년 52주중 60교회 부흥집회를 연속하여 인도하기도 했으나 성대 한번 변해 보지 않았다. 참으로 감사하고 있다.

이것은 순전히 단전호흡 복식호흡 덕분인 것이다.

여러분도 이렇게 단전호흡 복식호흡을 습관적으로 할 수 있기를 바란다. 호흡기 질환에는 산소호흡을 많이 하는 것이 양약이며 보약이다.

(7) 신경계통의 질환

좌우 좌골신경통(左右坐骨神經痛), 늑간신경통, 상후박신경통, 허리디스크, 요통, 안면신경마비(구안와사증), 신경성질환, 소아마비, 관절염, 신경과민증, 신경쇠약, 반신불수, 전신마비 등 질병이 신경계통의 질병이다.

머리, 중추신경, 측추, 허리, 골반, 관절 등에 손을 얹고 치유사역 기도를 해야 한다.

(8) 부인과 계통의 질병

부인과 계통의 질병은 자궁질환, 난소종양, 자궁근종, 나팔관 이상증, 냉증, 대하증, 월경불순, 불임증, 산후통, 산후요통, 산후풍, 자궁내막염, 갱년기장애, 입덧, 자궁암 등이 있다.

진단방법은 여자들 배꼽 아래 3,4Cm 속이 자궁의 중심부이다. 자궁 중심부에서 좌우로 4,5Cm쯤 난소가 있고 난소에서 자궁으로 연결된 나팔관, 난소에서 생산되는 난자의 통로이다.

자세하고 정확한 질병진단은 X-Ray 사진이나 M,R,I 검진이나 정밀한 진단을 해야 하겠지만 자궁 부위를 눌러 보아 통증이 심하면 자궁내에 질병이 있는 증거이며 자궁외부 좌우를 눌러보아 어떤 응어리 같은, 손에 만져지는 덩어리가 있으면 이를 물혹이라 하나 자궁 쪽에 가까이 붙어 있으면 그 물혹을 자궁근종이라 진단하고 난소 쪽에 붙어 있으면 대개 난소종양으로 진단한다.

부인과 계통의 질병이 있으면서 심장 기능 저하로 손발이 저리고 두통이 심하고 팔 다리에 신경통, 허리에 요통이 겸하여 나타나면 이를 산후풍으로 진단한다.

머리부터 온몸에 통풍이 되도록 기도하고 부인과 계통의 질병이 치유되도록 기도할 것이다.

(9) 뼈대, 골격의 이상질환

뼈 위골, 뼈 골절, 인대가 늘어남, 연골의 손상, 퇴행성관절염, 류마티스성 관절염, 골다공증, 골수염, 등의 질병이 뼈 골격의 질환이다.

인체골격이란 머리 두개골에 연결된 척추(목뼈:경추, 등뼈:흉추, 허리뼈:요추)에 양어깨 견비골에 양팔 뼈와 손뼈가 있고 골반뼈(엉치뼈), 대퇴골 고관절로 이어진 양 다리뼈, 발뼈로 되어 있다.

척추는 목뼈(경추)가 7마디, 흉추(등뼈)가 12마디, 요추(허리뼈)가 5마디의 작은관절, 척추골로 되어 있다.

두뇌에서 출발되는 신경선은 척추 골격을 따라 연결되어 목뼈 끝 부위 대추에서 좌우로 갈라져서 양어깨, 양팔, 양손으로 가슴 부분으로 흐르고 허리뼈(요추)에서 다시 좌우로 갈라져서 양쪽 좌골(坐骨)로 해서 양 대퇴부 고관절로 이어져서 양다리 양발 부분으로 연결되어 흐르고 있다.

뼈 골격의 질병은 먼저 골격의 형성 모양 위치 등을 알아야 질병진단을 할 수가 있다.

뼈는 3가지로 형성되어 있다. 하나는 뼈대 골격이요, 또 하나는 뼈와 뼈 사이의 연골이요, 다른 하나는 뼈와 뼈를 붙잡아

매고 있는 인대이다.

그러기에 뼈에 대한 질병을 치유 기도할 때에는 반드시 뼈대와 연골과 인대가 제자리에 정상적으로 돌아가도록 통증이 사라지고 이상증세가 치료되도록 기도해야 한다.

(10) 허리디스크, 좌우 좌골 신경통

허리뼈(요추) 관절 5개중 어느 관절이 좌, 우, 내, 외 편으로 위골되어(튀어나와서) 관절 사이가 벌어지거나 솟아올라 관절 사이의 연골이 좌, 혹은 우측으로 흘러나오고 인대가 늘어나면서 허리뼈를 지나 대퇴부 고관절로 양다리로 흐르는 신경선이 압박을 받게 되므로 허리에 디스크 상태의 요통이 오고 엉치뼈(골반뼈) 좌우 어느 쪽 다리로 좌우좌골신경통(左右坐骨神經痛)이 일어난다.

환자를 엎드리게 하고 허리(요추) 부위에 손을 얹어 만져 보아서 요추가 허리 밖으로 위로 굽어 나왔으면 그대로 약간 눌러주며 허리 부분을 흔들어주며 기도할 것이고 만약에 요추가 배 밑쪽으로 우묵하게 굽어 들어갔으면 환자의 배 밑에 베개를 고여주고 한 손은 등뼈 끝 부분에 한 손은 엉덩이 부분에 올리고 약간 눌러주며 허리를 좌우로 흔들어주며 기도할 것이다.

※ 기도문 내용

"예수 이름으로 성령의 능력으로 이 사람의 위골된 요추관절이 정상적으로 교정되고 흘러나온 연골이 제자리로 돌아가고 연골이 손상을 입어 일부가 닳아 없어진 상태라면 연골이 소생되고 늘어난 인대는 정상적으로 회복이 되고 통증이 사라질지어다 허리디스크는 깨끗이 고쳐질지어다"

"예수 이름으로 성령의 능력으로 허리디스크병, 좌우좌골 신경통은 깨끗이 치유될지어다. 고쳐질지어다. 믿습니다. 예수님 이름으로 기도합니다. 아멘"

2. 악령(사탄, 마귀귀신)에 의한 질병

1) 악령(사탄, 마귀, 귀신)의 기원

사탄, 마귀, 귀신은 처음부터 하나님이 지으신 피조물이 아니다. 하나님이 지으신 영물인 천사들 중 천사장의 하나인 '루시퍼(Lucifer)'가 교만하여져서 하나님과 동등히 되려고 하나님 보좌를 엿보다가 타락하여 하나님나라에서 추방되어 쫓겨나와서 사탄이 되었고(사14:12, 눅10:18, 겔28:12-19, 시148:1-5) 그때에 일단의 천사군들이 루시퍼 (Lucifer)와 함께 타락하여 마귀가 되었다(벧후2:4, 유1:6).

이는 구약의 마귀론 사상이며(겔28:11-19, 사14:12-14과 외경문서 에녹서) 신약에 와서도 그대로를 계승하여 내려온 것으로 골로새서 1:6에 보면 사탄도 영적 피조물로써 하나님이 최고, 최선, 최대의 은총 안에서 가장 거룩한 일을 위하여 피조된 최고 계층의 천사였으나(Lucifer),

이사야 14:13에 "내가 하늘에 오르리라 내가 하나님의 뭇 별 위에 나의 보좌를 높이리라. 내가 산 위에 좌정하리."

이사야14:14에 "내가 가장 높은 구름에 오르리라 내가 지극히 높은 자와 비기리"

이렇게 하며 교만하여져서 하나님 보좌를 엿보고 하나님을 대적하다가 하나님으로부터 추방당하고(사14:12) 하나님의 심판 대상이 되었고(창3:14-15) 영원히 멸망을 받을 존재가 되었었다(계20:10)

등 급	구 분	성경의 명칭	하 는 일
악령의 제 1 등급	고급악령	사 탄 (용)	• 공중권세 잡은 악령 • 사람의 정신계 억압, 혼돈케 함 • 하나님과 사이 멀리하게 이간 • 중급악령, 저급악령 지배
악령의 제 2 등급	중급악령	마 귀 (뱀)	• 죄를 짓게 하는 악령 • 사람의 양심계 둔하게 • 저급악령을 지배
악령의 제 3 등급	저급악령	귀 신 (사 귀)	• 사람을 병들게 하는 악령 • 가정 분쟁, 사업 실패 조장

2) 악령의 3등급

고급 악령인 사탄, 용은 중급 악령인 마귀, 뱀과 저급 악령인 귀신, 사귀를 지배하며 다스리며 부리고, 중급악령인 마귀, 뱀은 저급악령인 귀신, 사귀, 더러운 영을 지배하며 다스리고 부린다.

그러기에 고급악령 사탄이 접해 있는 무당, 점쟁이가 저급악령인 마귀, 귀신병은 잘도 고칠 수 있는 것이다.

3) 성경에 나타난 악령의 별명들

- 참소자(욥1: 6,슥3:1)
- 아담을 유혹한 뱀(창3:1)
- 아람왕을 속인 거짓 선지자의 영(왕상22:22)
- 사울왕을 괴롭힌 악귀(삼상16:14)
- 초인간적인 존재(신32:16-17,시106:37)
- 사람의 마음을 괴롭히는 영(삼산16:14-16)
- 사람의 몸에 질병을 일으키며 갖가지 불행을 유발시키는 영(눅4:39, 마12:22, 막9:18, 막1: 23)
- 주님을 알아볼 수 있는 인격적 존재(약2:19, 막1:23-24)
- 디아볼로스(고소자,중상자)(딤전3:6, 벧전5:8)
- 바알세불(마12:27)
- 벨리알(고후6:15)
- 악귀의 머리(막3:22)
- 이 세상의 왕(요14:30)
- 공중권세 잡은 자(엡2:2)
- 살인자요 거짓말쟁이(요8:44)

- 시험하는 자(마4:4)
- 뱀(고후11:3)
- 옛뱀(계12:9)
- 용(계12:3)
- 원수(계13:39)
- 악한 자(에6:16)
- 대적자(벧전5:8)
- 고소자(계12:10)
- 속이는 자(계12:9)
- 더러운 영(계16:13)
- 잠들게 하는 영(사29:10)

4) 사탄, 마귀의 침입 경로

사탄, 마귀가 침입해 들어오는 경로를 미리 안다는 것은 매우 중요하다. 사탄, 마귀의 침입을 사전에 예방할 수도 있으며 자신에게 마귀, 귀신이 역사 하려는 것을 인식하지 못하고 있을 때 이를 쉽게 깨달을 수가 있어서 구체적으로 마귀, 귀신을 추방할 수 있는 근거가 되기 때문이다.

(1) 우상이나 신비술에 접하여 틈을 줄 때

- 마술, 심령술, 최면술, 동양종교(불교, 유교 등),
- 점치는 일, 우상종교와 관계하는 일, 우상 제물을 먹는

일, 부적(신령한 능력만 탐할 때)

(2) 죄악에 빠질 때

- 욕심(요8:14) 원망(고후10:10) 음행(고전5:5)
- 거짓말(살후2:10) 다툼(약3:14-15) 미움(요8:44)
- 고민걱정(삼상16:14-15) 돈을 사랑함(요6:70)
- 불의(요일3:10) 성령을 속일 때(행5:3)
- 예수를 배반할 때(요13:2) 분을 품을 때(엡4:26,마 26:51)
- 불신앙적인 말(요8:46) 혈기(약1:20) 하나님의 뜻보다 사람의 뜻을 생각할 때(마16:23).

(3) 옮겨 붙는 경우(전이, 轉移) -전이 현상을 통하여(행19:13-20, 마8:28-34)

- 사탄, 마귀에 접해 있는 자에게 안수 받을 때
- 귀신 쫓는 장소에 잘못 갔을 때(축사 현장에)
- 더럽고 음침한 곳, 음란 장소, 포르노 영화관. 변태적 성적 유희가 벌어지는 곳, 뉴 에이즈들이 광란하는 곳, 등에 갔을 때.
- 환경조건이 악령 침투 노선일 때.
- 믿음 약한 자가 귀신을 쫓으려 할 때.
- 귀신 섬기는 장소(절간, 사당, 제사상, 불신자 임종장소 등)에 갔을 때.

(4) 기타(벧전5:8)

- 주일성수 안 할 때, 작정한 금식을 포기할 때, 성만찬을 경홀히 할 때(엡13:27),
- 기도원에서 혹은 산 기도하다가 혼자라서 귀신에 눌리는 경우, 주의 종을 저주할 때,
- 귀신이 없다고 부인할 때, 신경계통이 약하거나 정신질환자, 심장질병을 가진 자가 쉽게 귀신들림.

이런 경우들은 반드시 그렇게 된다는 것이 아니라 자신의 영적 상태가 좋지 않거나 약할 때 그렇게 될 수도 있다는 것이다.

5) 사탄, 마귀에 의한 질병의 특성(사탄, 마귀병진단요령)

- 약방의 약으로나 병원치료로는 고쳐지지 않고 병명이 분명히 나오지 않는다.
- 정신병과 구별이 잘 안 되므로 진단과 치료에 차질이 생길 수 있다.
- 낮보다는 밤 시간에 고통이 더 심하고 깊은 밤보다는 초저녁이나 새벽녘에 고통이 더 심해진다.
- "아멘"을 시켜도 절대로 안 하며 눈동자가 흐릿하고 두리번거리며 초점이 없이 정상이 아니며 똑바로 쳐다보지를 못한다.
- 평소보다 힘이 세고 신앙행위에(기도, 찬송, 주기도문,

예배 등) 순종하지 않으며 기도할 때 반항도 한다.

- 더럽고 불결하며, 혼란스럽고 부도덕한 성품을 드러낸다.

- 자살한다는 말을 자주 하기도 하며, 실제로 자살을 시도하기도 한다.

- 먹기를 탐하고 입안에 무엇을 넣고 우물거리기도 한다.

- 어떤 일에나 집중하지를 못하고 의지가 약하여 아무 일도 못 하며, 개으르고 무위도식(無爲徒食)하려 한다.

- 자기 몸에 상처를 내기도 하고 옷을 찢거나 벗기도 한다.

- 사람을 기피하고 교회를 멀리하며 밝은 빛을 두려워한다.

- 악몽이 반복되고 밤에 잠을 깊이 자지 못한다.

- 심한 발작이 일어날 때 진정제나 약물투여도 효과가 없다.

6) 사탄, 마귀, 귀신병 고치는 방법(귀신축사 기도방법)

사탄, 마귀, 귀신으로 인한 질병은 그 사탄, 마귀, 귀신을 쫓아내야만 치유가 된다.

마4:23-24 귀신을 쫓아내는 일은 예수님으로부터 시작되었다.

막1:23-24 귀신들이 먼저 예수를 알고 두려워했다.

막10:1 마귀, 귀신을 "예수 이름으로" 쫓아낼 수 있다는 것이
     복음이다.

막16:17 사탄, 마귀, 귀신을 쫓아내는 것은 예수님 제자들
     의 의무였다.

- 예수의 이름으로 쫓아낸다(행18:18)
- 성령의 능력으로 쫓아낸다(마2:22-27)
- 하나님의 권능으로 쫓아낸다(마9:1-13)
- 주의 이름으로 안수함으로(눅13:10-13, 막16:18)
- 말씀으로(마4:6, 8:16)
- 금식과 기도로(막9:14-19)
- 믿음으로(마17:14-29)
- 찬송, 찬양 드림으로(삼상16:14-23)
- 영분별과 영안을 열어 귀신의 정체를 드러냄으로.
- 영적인 싸움이므로 끈질기게 기도하고 예수의 이름으
  로 성령의 능력으로 단호하게 저주하며 꾸짖고 대적하
  여 쫓아낸다(막16:17, 눅10:17, 약4:7)

※ 귀신 축사기도문 실례

"사탄아! 이 더러운 귀신아! 예수 이름으로 명하노니 네가 일
으킨 병을 가지고 즉시 나가라! 성령의 칼이다. 성령의 불이다.
마귀 귀신은 지금 당장에 이 사람에게서 물러갈지어다. 예수

이름으로 물러갈지어다! 너 이놈! 이제는 더 이상은 이 사람 속에 머물러 있지 못한다. 이미 너의 정체가 드러났고 너의 집은 무너졌다. 예수 이름으로 물러갈지어다! 나가라!"

이렇게 완전히 마귀, 귀신이 물러갈 때까지 꾸짖고 저주하고, 명령하는 기도를 계속할 것이다.

7) 성령의 은사 활용 영적 기도로 사탄을 몰아내는 방법

사탄, 마귀가 가장 싫어하는 것이 자기 정체가 드러나는 것이다. 사탄, 마귀병을 치유함에 있어서 중급악령, 저급악령, 마귀, 귀신병은 예수 이름으로 명령기도를 할 때 쉽게 물러가고 치유가 된다.

그러나 고급악령 사탄은 보통의 귀신축사 기도로는 쉽게 물러가지 않고 그 병이 간단히 치유되지 않는다.

이럴 때에 성령의 은사를 활용하여 "영투시 영진법 영적기도"를 하여 쉽게 대마귀 사탄을 몰아낼 수가 있다.

이처럼 '영투시 영진법 영적기도'로 축사기도를 하면

- 짧은 시간에 사탄 마귀를 쫓아낼 수 있다.
- 사역자가 비교적 힘이 적게 들여 기도할 수가 있다.
- 기도 받는 환자에게 아무 고통도 주지 않고 치유할 수가 있다.
- 영투시 영진법으로 사탄의 정체를 보고 추적하며 명령

기도를 하니 쉽게 몰아낼 수가 있다.

- 한 사람 속에 사탄, 마귀가 하나만 들어 있다면 그 하나만 잡으면 되지만 때로는 군대마귀라 하여 수십 개, 혹은 수백 개의 사탄, 마귀 군사가 들어 있는 경우도 있으니 그냥 보통의 기도로는 이 모두를 한꺼번에 소탕해 버리기가 어렵다. 마귀, 귀신을 몰아낸 것 같으나 남은 잔당 마귀가 몇이나 남았는지도 정확하게 알 수가 없다. 그러나 이 영적 기도로는 사탄의 군사 졸개 새끼 하나까지 영투시로 환히 보고 기도하는 것이니 완전소탕, 깨끗이 청소까지 할 수 있는 이점이 있다.
- 이 영적 기도는 쫓아낸 사탄, 마귀가 다시 들어오지 못하도록 완전 후속조치까지 할 수가 있다.
- 마귀, 귀신의 전이현상을 막을 수가 있으며 환자 한 사람뿐 아니라 온 집안 식구 집안귀신까지 다 몰아낼 수가 있다.

※ 영투시 영진법 영적기도의 방법

이 영투시 영진법 영적 기도로 축사기도(사탄, 마귀 소탕 영적 기도)는 성령의 은사 중에 입신(入神)은사를 활용하여 사탄, 마귀를 소탕하는 영적 기도로 사용하는 방법의 기도이다.

필자는 이러한 기도방법을 어디에서 본 일도 없고 누구에게 배운 바도 없다. 수십 년 목회생활에 수백 회 치유 부흥회를 인도하면서 수없이 만나는 각종 병자들 중에 가장 치유에 자신이 없고 힘들고 어려운 것이 바로 마귀병, 귀신병을 치유하는 일이었다.

자연히 마귀병 병자를 놓고 이 방법 저 방법으로 마귀 축사 기도를 해 왔으나 다음과 같은 난점이 있었다.

첫째는 시간이 많이 소요되고 사역자가 힘이 너무 들고 고생이 되며 비지땀을 쏟아야 하고,

둘째는 기도 받는 마귀병 환자가 거품을 내뿜으며 발동 발작을 할 때는 죽는 것만큼이나 고통이 심하게 되고,

셋째는 병자 속에 들어 있는 사탄, 마귀의 위치나 정체를 볼 수가 없으니 마귀병 병세의 정도를 정확히 알 수가 없고 최후발악을 하는 사탄, 마귀 숫자도 알 수가 없으며,

넷째는 힘들게 고생하여 마귀, 귀신을 몰아내었다고 해도 그 잔당 세력과 졸개 새끼까지 완전 소탕이 불가능하고 일단 나간 귀신이 다시 들어와 병이 재발되는 것까지 막아 버려야 할 후속조치가 안 되는 것이다.

그래서 필자는 그간 수없이 많이 만난 귀신병 병자들을 치유 기도 하던 중에 위에서 말한 이러한 문제점들을 해결하고 사탄, 마귀를 완전 소탕시키는 기도방법인 '영투시 영진법 영적기도'를 개발하게 되었다.

이 영적 기도를 진행함에 있어서 기도사역자가 직접 입신이

되어 버리면 환자를 앞에 놓고 축사기도를 진행할 수가 없으니 영안이 열리고 영투시가 되고 사람의 심령을 감찰할 수가 있을 만한 입신 은사자를 찾아내든지 아니면 즉석에서 이런 은사자를 길러서 그를 제3자로 영적기도 보조자로 두고 이 영적기도를 진행하는 것이다.

첫째 기도할 환자를 자리정돈하고 발동을 못하도록 꼼짝 달싹도 못하게 기도해서 가만히 눕혀 놓는다.

둘째 기도 보조자를 편안한 옆자리를 만들어 눕혀 놓고 깊은 입신 상태의 은사에 사로잡혀 영안이 열리고 영투시가 되고 영분별이 되어 사람의 심령을 감찰할 수 있도록 기도하여 준비 자세를 갖춘다.

셋째 기도보조자가 깊은 입신상태로 성령에 사로잡혀 온몸이 부동자세로 빳빳이 굳어 있는 중이라 말을 할 수가 없지만 기도 사역자가 성령님께 간구하여 보조자가 입신상태라도 이 기도에 필요한 말만은 입을 열어 말을 할 수 있도록 입이 열리고 성대나 혀 입술이 움직여 말을 할 수가 있도록 하고 기도할 귀신병자의 이름, 나이, 교회, 직분 등을 알려주어 그의 심령 상태를 영투시 영진단 심령감찰을 하게 하고 기도 보조자가 영안으로 보이는 상태를 사역자에게 말해주도록 한다. 그렇게 진행하면 그것이 그대로 되어진다.

넷째 기도보조자가 귀신병자의 심령을 영투시 영진단 심령
　　감찰을 했을 때에 영적으로 보여지는 대로 말하게 하는
　　데 먼저 그의 심령상태가 밝은지, 어두운지부터 보게
　　하면 틀림없이 어두울 것이고 어두운 심령을 주관하는
　　어둠의 영 사탄, 마귀의 정체가 드러나도록 깊이 투시
　　하여 영 분별력으로 마귀, 귀신의 정체를 밝혀내게 한
　　다.

다섯째 귀신병 환자의 심령감찰, 영투시 결과 사탄, 마귀의
　　정체가 드러났을 때(마귀, 귀신의 형상과 모양은 일정하
　　지 않고 그때마다 다른 탈을 쓴 모양으로 보이게 된다)
　　사람 형상으로 나타나면 고급악령, 사탄으로 영분별하
　　고 짐승, 동물 형상으로 나타나면 중급, 저급 악령인 마
　　귀, 귀신으로 해석한다.

　　사람 모양의 고급악령 사탄일 경우는 대개 사탄 하나만
　　은 아니고 그 사탄이 거느린 부하 졸개들이 많이 있다는
　　것을 찾아내야 하고 그 사람 속에 들어온 시기도 상당히
　　오래된 것으로 짐작을 하고 쫓아낼 기도 작전을 세워야
　　한다.

　　짐승, 동물의 모양으로 보여질 때는 그 분별력으로 다음
　　과 같이 분석한다.

　　• 맹수, 사자, 호랑이로 보이면 : 혈기마귀, 고집마귀. 힘

있는 마귀대장으로 분석하고,

- 돼지 모양이면 : 탐욕, 욕심마귀, 도벽마귀로 분석,

- 뱀, 개 모양이면 : 음란마귀로 분석,

- 공작새, 당나귀 모양이면 : 사치, 허영, 유혹의 마귀로 분석

- 원숭이, 고양이 모양이면 : 위장, 변장한 마귀.

이는 다시 투시하고 영안으로 깊이 영진하여 위장의 가면을 벗기고 본래의 정체를 드러내도록 기도하여 본래 마귀의 모양을 찾아서 축사기도를 해야 한다.

여섯째 이제는 사탄, 마귀의 정체를 밝혔으니 이를 몰아내고 때려잡는 본격적인 축사 기도를 한다. 기도 보조자는 여전히 사역자가 기도를 진행하는 동안 계속하여 환자 속에 정체가 드러난 사탄, 마귀를 영투시하고 추적하여 어떻게 변모하는지? 위치 이동을 하는지? 물러나갈 태세를 갖추는지? 반항하는 자세인지? 등등을 자세히 살펴서 사역자가 묻는 대로 그때의 상태를 말해 주도록 훈련시켜둔다.

※ 축사기도 내용 사례

"사탄아! 이 더러운 귀신아! 예수 이름으로 명하노니 이 사람에게서 물러갈지어다. 너의 정체가 드러났다. 이 사람 예수를 믿는다. 이 이상 더 이 사람 속에 머물 수 없다. 즉시 물러가지

않으면 성령의 칼로 너를 찔러 산산조각을 내겠다. 예수 이름으로 물러갈지어다. 성령의 불이다. 너 이놈! 속히 물러가지 않으면 성령의 불로 태운다. 나가라! 예수 이름으로 성령의 능력으로 성령의 불로 물러갈지어다!"

일곱째 위와 같이 명령하며 축사 기도를 하는 동안 수시로 기도 보조자에게 물어서 상태를 확인해 가며 사탄, 마귀가 완전 소탕될 때까지 계속 반복해서 축사 명령기도를 한다. 기도보조자의 영안으로 영투시하여 사탄, 마귀가 완전 소탕되어 그 환자의 심령이 깨끗하고 밝아진 것이 확인되었으면 이제는 환자 속에 사탄, 마귀가 살면서 지어놓은 집이나 흔적을 깨끗이 청소하고 허물어지고 상처 입고 병든 부분을 치유하는 기도를 드리고 기도보조자의 영투시로 환자 속에서 나간 사탄, 마귀를 추적하여 되돌아오지 못하게 멀리멀리 추방하고 재발을 방지하는 후속조치 기도까지 드리고 기도보조자를 입신상태에서 깨운 뒤 "예수님 이름으로 기도 드립니다" 하고 축사기도를 끝낸다.

여덟째 입신 은사자 기도보조자를 깨우는 기도

"거룩하신 하나님 아버지! 여기 이 종이 지금까지 하나님이 주신 입신 은사로 이 영적 기도에 보조자가 되어 장시간 몸이 굳어 있는 상태로 고생하며 잘 감당해준 이종을 깨우려 합니다. 성령에 사로잡힌 상태에서 풀어 주시옵소서. 육을 떠난 영이 즉시로 육으로 돌아오게 하여 주옵소서. 입신상태에서 깨어나게 하여 주옵소서. 이 종이 전보다 더 건강한 몸으로 돌아오게 하여주옵소서. 아멘! 눈뜨고 큰소리로 아멘 하세요."

보조자가 깨어서 큰소리로 아멘 하고 정상으로 돌아왔으면 "감사합니다. 예수님 이름으로 기도합니다. 아멘" 한다.

이렇게 특별한 방법으로 축사 기도를 하면 소요시간이 환자와 가족을 이해시키고 사전 교육함에 20분, 보조자 입신시키는 기도에 20분, 환자의 심령감찰, 영진 진단에 약10분, 축사기도에 약 30분, 보조자를 깨우고 기도 마무리하는 데 약 10분, 하여 대개 1시간 30분이면 기도를 마칠 수 있다.

이와 같은 영투시 영적기도를 자유자재로 드리려면 제3의 사람 기도보조자가 잘 훈련되어야 하고 사역자도 기도를 많이 하여 직접 입신을 하지 않았을지라도 보조자와 같은 영안이 열려서 영분별이 되고 영투시의 은사 체험이 있어야 한다.

사역자가 입신은사의 체험이 없다 해도 제3의 보조자의 입신

은사가 강하면 위와 같은 영적 기도를 할 수는 있다. 그러나 사역자의 영안이 열려 있지 않을 때는 사탄, 마귀가 먼저 알고 쉽게 나가지 않고 맞서서 버티게 되면 축사기도에 너무 많은 힘이 들게 된다.

그리고 기도 보조자 역할을 하는 사람은 성령에 깊이 사로잡혀 온 몸이 부동자세로 굳어지는 것이라 기도시간이 2-3시간을 넘지 않도록 해야 한다.

너무 오랜 시간 진행하면 기도 마친 뒤 깨어나 정상 몸으로 회복하는 데 매우 고통스러워지기 때문이다.

8) 사탄, 마귀가 쉽게 쫓겨나지 않는 이유

- 병 원인이 악령이라는 것을 부인할 때.
- 부정적인 관념으로 두려워하거나 의심할 때.
- 자신이 구원받은 하나님 자녀임을 확실히 믿지 않을 때.
- 오래 묵은 고급악령(사탄)이 접해 있을 때.

9) 사탄, 마귀의 속임수

- 엄살을 부리거나 혼수상태에 빠진 것처럼 한다.
- 사탄, 마귀의 비밀을 들추어냄으로 숨으려 한다.
- 사역자의 죄를 들추거나 비웃고 조롱하는 방법을 쓴다.

나간다고 거짓말을 하고 요구를 들어주면 간다고 속이
기도 한다
- 잠잠하여 나간 것처럼 가장하기도 한다.
- 몸 깊숙이 숨거나 사역자가 손을 얹기에 곤란한 곳 은
밀한 곳에 숨어들기도 한다.
- 눈 속에나 숨통(기도)에 숨어들면 기도에 몰두하다가
잘못 지나치게 눈을 심히 눌리거나 숨통을 조이지 않도
록 주의할 것이다.

10) 사탄, 마귀가 가장 싫어하는 것

- 자신의 정체가 드러나는 것.
- 자신의 정체를 드러내는 용어들을 싫어함.
(더러운 놈, 악하고 음란한 놈, 거짓의 아비, 간사하고
교활한 놈. 욕심쟁이, 미련한 놈 등)
- 예수의 이름과 성령의 능력.
- 성령의 불, 성령의 불길.

이처럼 사탄, 마귀가 가장 싫어하는 것을 알았다면 사탄, 마
귀를 쫓아낼 때는 이러한 용어와 방법을 최대한 활용하여 축사
기도를 해야 할 것이다.

11) 마귀병, 귀신병과 단순한 정신병의 구별 진단법

치유 사역자들이 마귀병, 귀신 들린 병 환자를 치유기도 할 때에 이 병을 단순한 정신과 질병과 구별 진단을 잘못하여 마귀병, 귀신병이 아닌 것을 일방적으로 귀신 축사기도만 한다면 안 될 일이다. 이에 도움이 되고자 아래 몇 가지 구별진단에 참고가 될 사항들을 기술한다.

(1) 귀신병자는 눈을 보면 눈동자를 똑바로 보지 못하고 눈동자가 초점을 잃어서 흐릿하게 보이고 눈동자가 좌우로 따로 돌아가는 현상이 나타나는데 정신과 질환자는 눈이 그렇지 않다.

(2) 귀신병자는 엄청난 초능력적인 힘이나 투시력이 나타나기도 하는데 정신과 질환자는 그런 특별한 힘을 나타내지 않는다.

(3) 귀신병자는 발작 시에 진정제나 약물을 투여해도 아무런 효과가 없는데 정신과 질환자는 약물투여에 효과가 나타난다.

(4) 귀신병자는 뚜렷한 의식이 있고 합리적인 말도 하는데 정신과 질환자는 말의 조리가 없고 횡설수설한다.

(5) 귀신병자는 예수님에 대해 적대감이나 거부반응을 드러내게 되는데 정신과 질환자는 예수님에 대해 특별한 거

부행위가 없다.

(6) 귀신 병자는 억지로 아멘을 시켜보면 죽어도 아멘을 하지 않는 특성이 있는데 정신과 질환자는 아멘을 시켜도 그대로 따라 한다.

(7) 귀신병자는 자신이 비정상적이라는 것을 알고 때로는 도움을 구하기도 하지만 정신과 질환자는 자신이 정신병 환자라는 것을 알지 못한다.

(8) 귀신병자는 남의 목소리를 내거나 이상한 방언 같은 말을 할 때도 있으나 정신과 질환자는 자신의 목소리만 내게 된다.

(9) 귀신병자는 남들에게 전이현상(옮겨 붙는 현상)이 일어날 수도 있으나 정신과 질환자는 그 병이 남에게 전이되지 않는다.

(10) 귀신병자는 갑자가 공포심을 나타내고 무서워할 때도 있으나 정신과 질환자는 갑작스런 공포심은 나타내지 않는다.

(11) 귀신병자는 먹기를 탐하고 입안에 무엇이 들어 있는 것처럼 우물거리기도 하는데 정신과 질환자는 그렇지 않다.

(12) 귀신병자는 사람을 기피하거나 교회를 멀리 하려 하는데 정신과 질환자는 그렇지 않다.

(13) 귀신병자는 갑자가 두통이나 한기, 열기를 호소하기도
　　하는데 정신과 질환자는 그렇지 않다.

(14) 귀신병자는 더럽고 불결하며 부도덕한 성품을 드러내
　　기도 하나 정신과 질환자는 그렇지는 않는다.

(15) 귀신병자는 갑자가 포학해지고 증오심을 드러내고 입
　　에 거품을 품기도 하나 정신과 질환자는 그렇지 않다.

(16) 귀신병자는 특히 음란하거나 과도한 성욕을 나타내기
　　도 하나 정신과 질환자는 반드시 그렇지는 않다.

(17) 귀신병자는 갑자기 단식일에 치유될 수도 있으나 정신
　　과 질환자는 치유가 장기간의 시일을 요하게 된다.

(18) 귀신병자는 자살을 생각하거나 자살을 시도하기도 하
　　는데 정신과 질환자는 오히려 자살을 두려워하게 된다.

(19) 귀신병자는 산만한 행동으로 주변 사람들이 정신을 차
　　릴 수가 없도록 혼란한 행동을 하기도 하나 정신과 질환
　　자는 그렇지 않다.

(20) 귀신병자는 유난스럽게 설교시간에 딴전을 부리고 졸
　　기만 하는데 정신과 질환자는 그렇지 않다.

(21) 귀신병자는 자신이 귀신병 든 것을 인정하지 않으려 하
　　나 정신과 질환자는 자신이 마귀병이 들렸다고도 한다.

이상에 열거한 내용들을 귀신병자와 정신과 질환자를 구별

진단하는데 참고를 하거니와 혹시나 환자에게 조금만 이상한 일이 있어도 무조건 귀신병자라고 단정하는 실수를 저지르지 않도록 주의해야 할 것이다.

때로는 정신적인 면에서 성령의 특이한 역사가 나타날 수도 있다는 것을 알아서 구별 진단을 지혜롭게 잘 해야 할 것이다.

3. 질병진단을 위한 인체 구조도

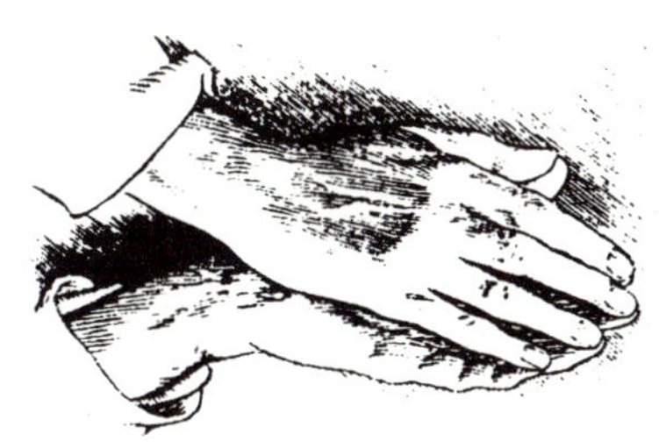

1-1. 전신 골격의 생김새(전면)

1 전두골
2 접형골의부분
3 비골
4 협골
5 상악골
6 하악골
7 쇄골
8 견갑골
9 상완골
10 요골
11 척골
12 수근골
13 중수골
14 기절골
15 중절골
16 말절골
17 제1늑골
18 흉골
19 진늑
20 가늑
21 부유궁늑
22 추골(척주)
23 장골
24 천골
25 미골
26 대퇴골
27 슬개골
28 경골
29 비골
30 족근골
31 중족골
32 기절골
33 중절골
34 말절골

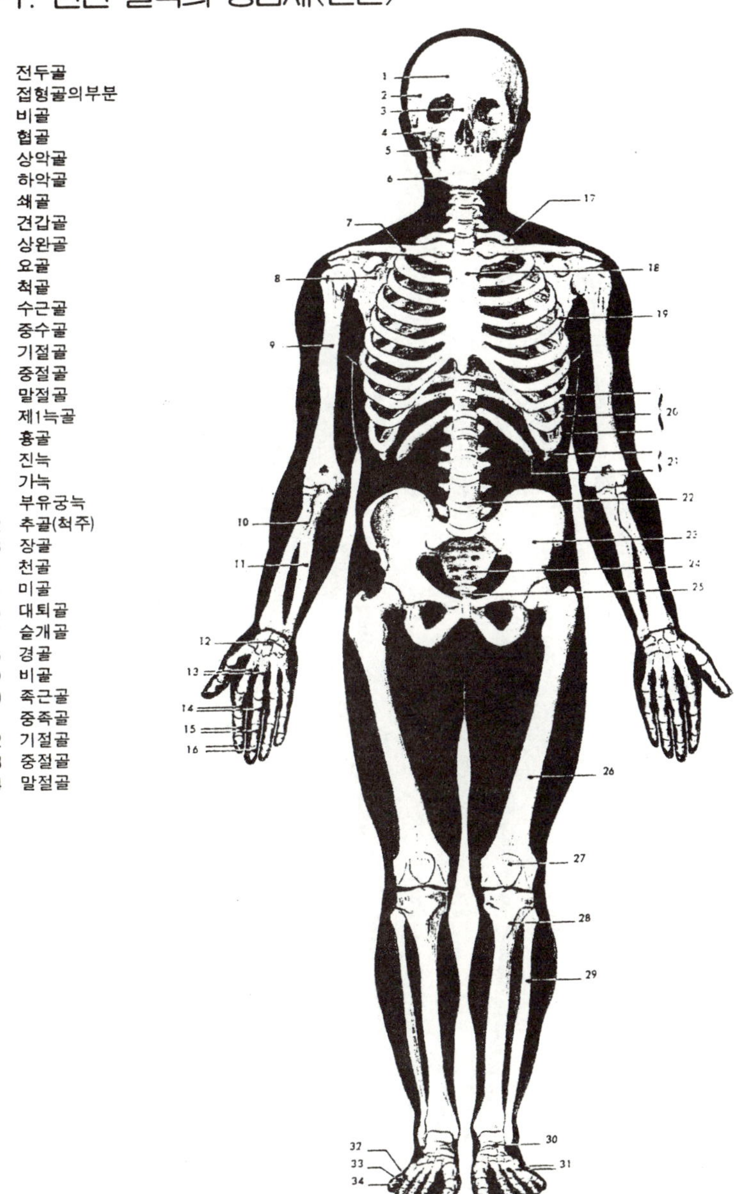

1-2. 전신 골격의 생김새(후면)

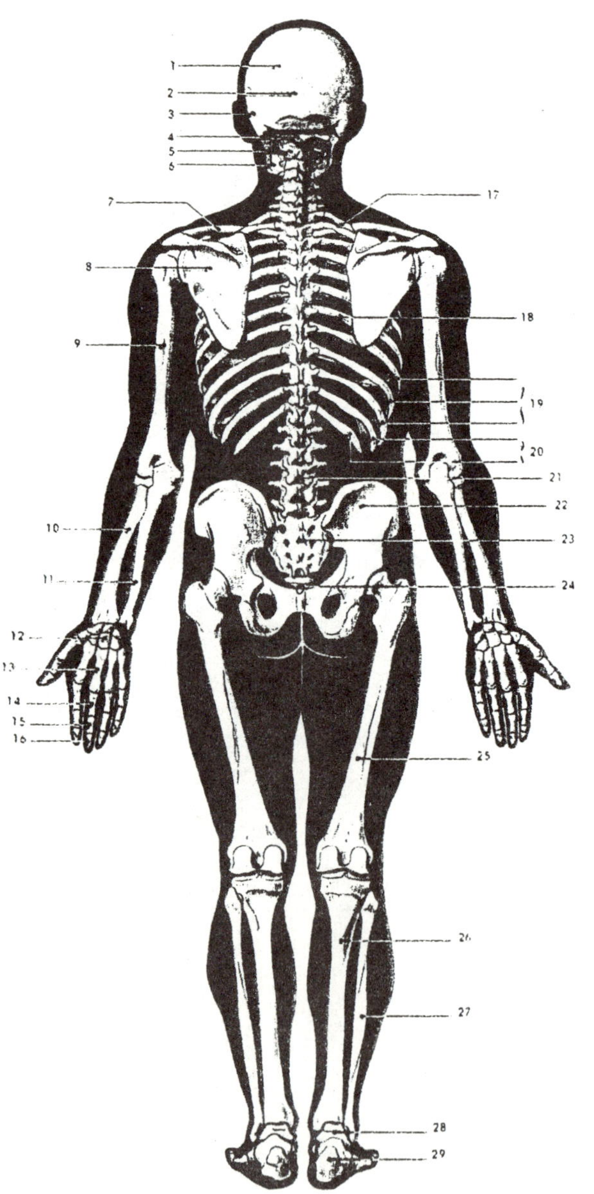

1-3. 전신 골격의 생김새(외측면)

1 두정골
2 측두골
3 후두골
4 유양돌기
5 추골(척주)
6 전두골
7 비골
8 협골
9 상악골
10 하악골
11 쇄골
12 견갑골
13 상완골
14 요골
15 척골
16 수근골
17 중수골
18 기절골
19 중절골
20 말절골
21 제1늑골
22 흉골
23 진늑
24 가늑
25 부유궁늑
26 장골
27 천골
28 미골
29 좌골
30 대퇴골
31 슬개골
32 경골
33 비골
34 거골
35 종골
36 입방골
37 주상골
38 설상골
39 중족골
40 기절골
41 중절골
42 말절골

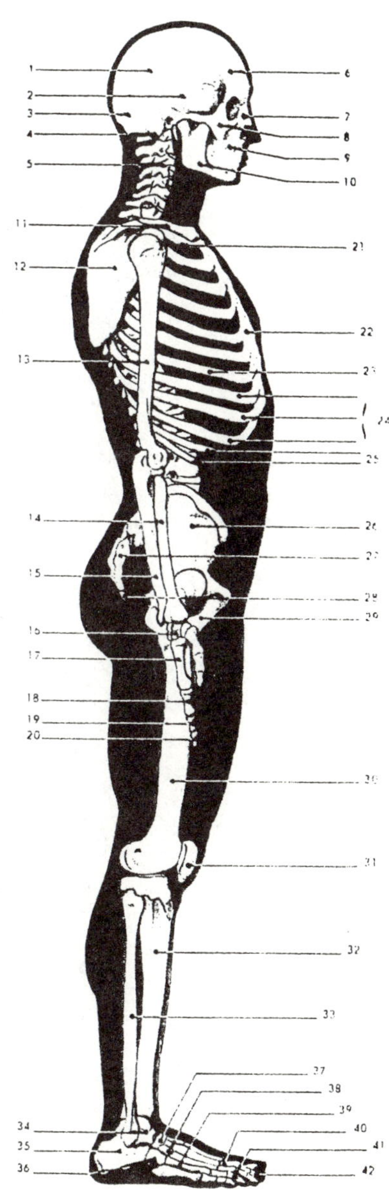

2-1. 인체 근육계의 전경(전면)

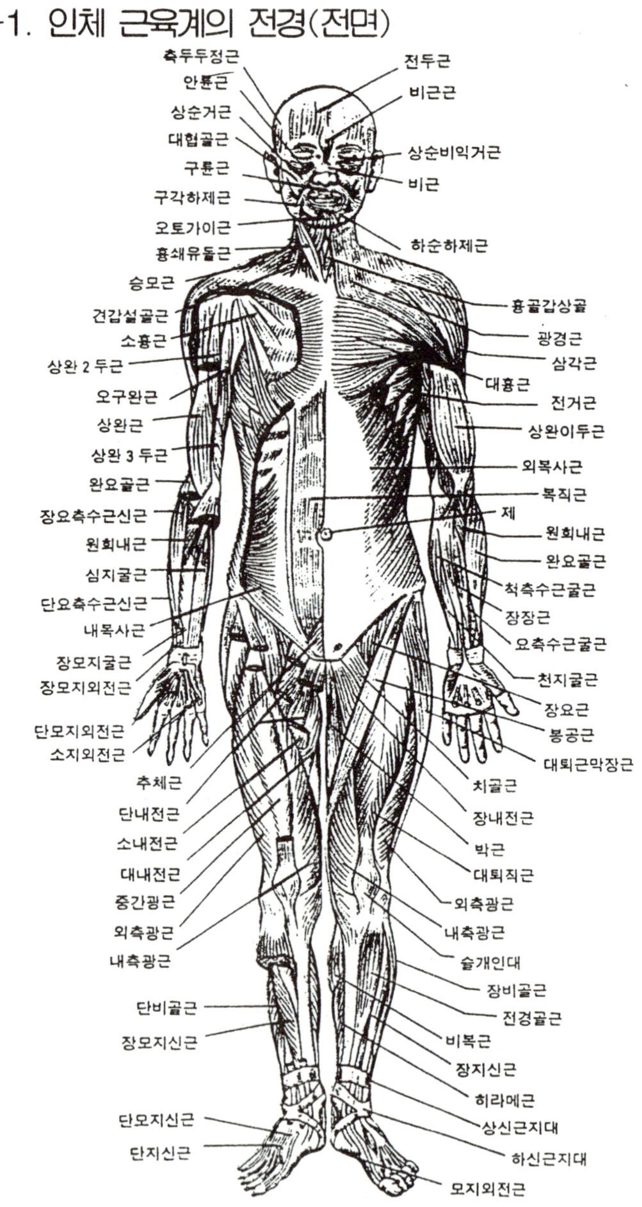

2-2. 인체 근육계의 전경(후면)

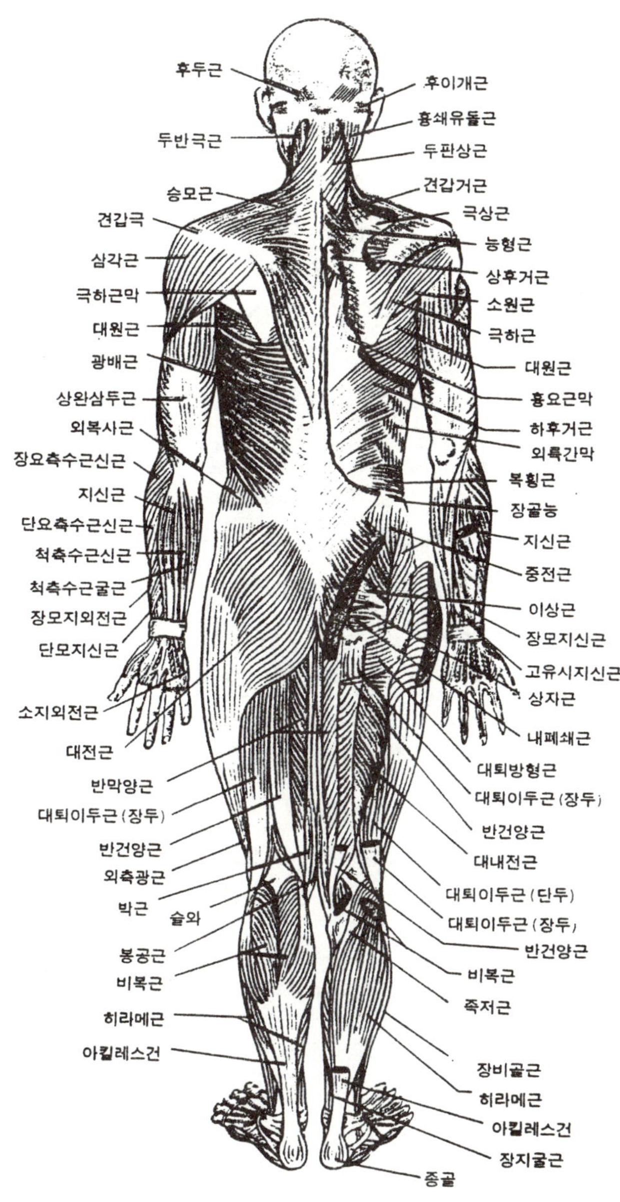

3-1. 인체 오장육부의 해부도

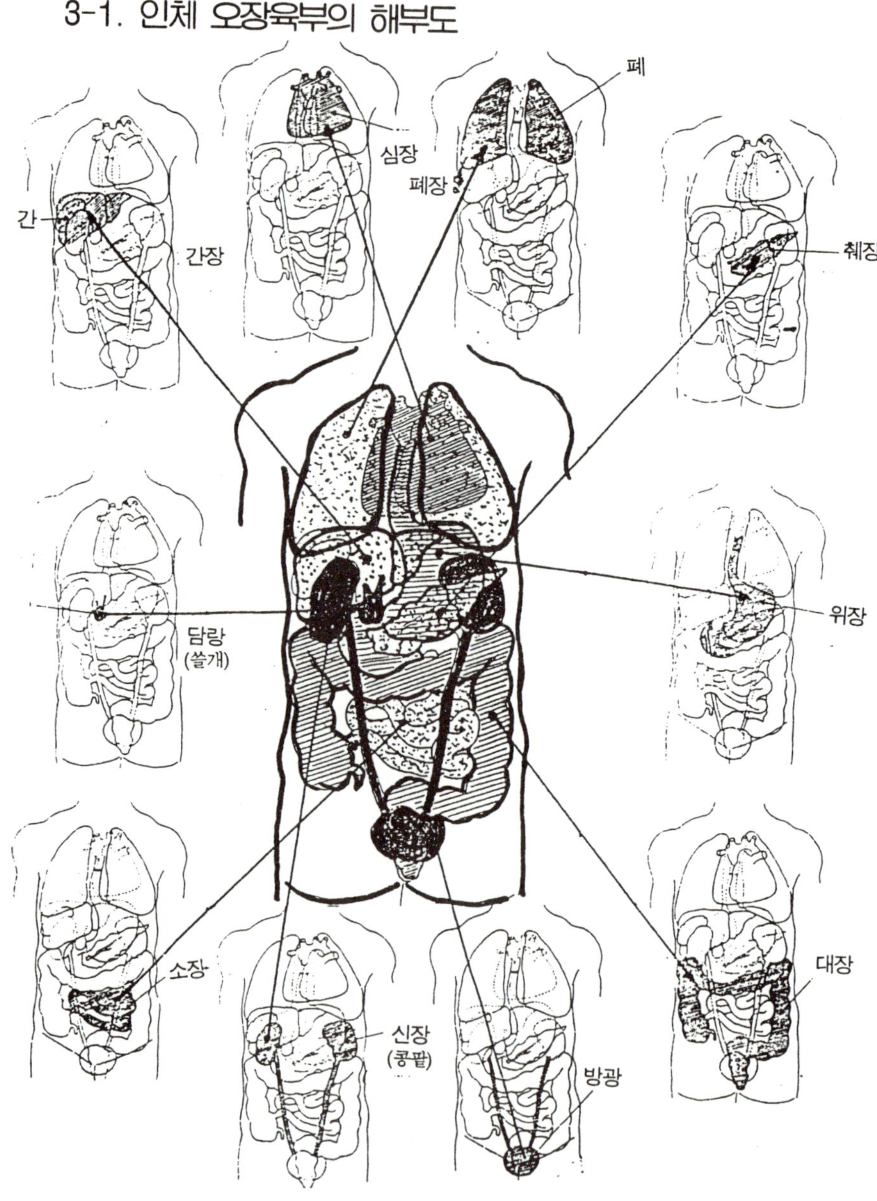

3-2. 인체 오장육부의 해부도(흉복부.1)

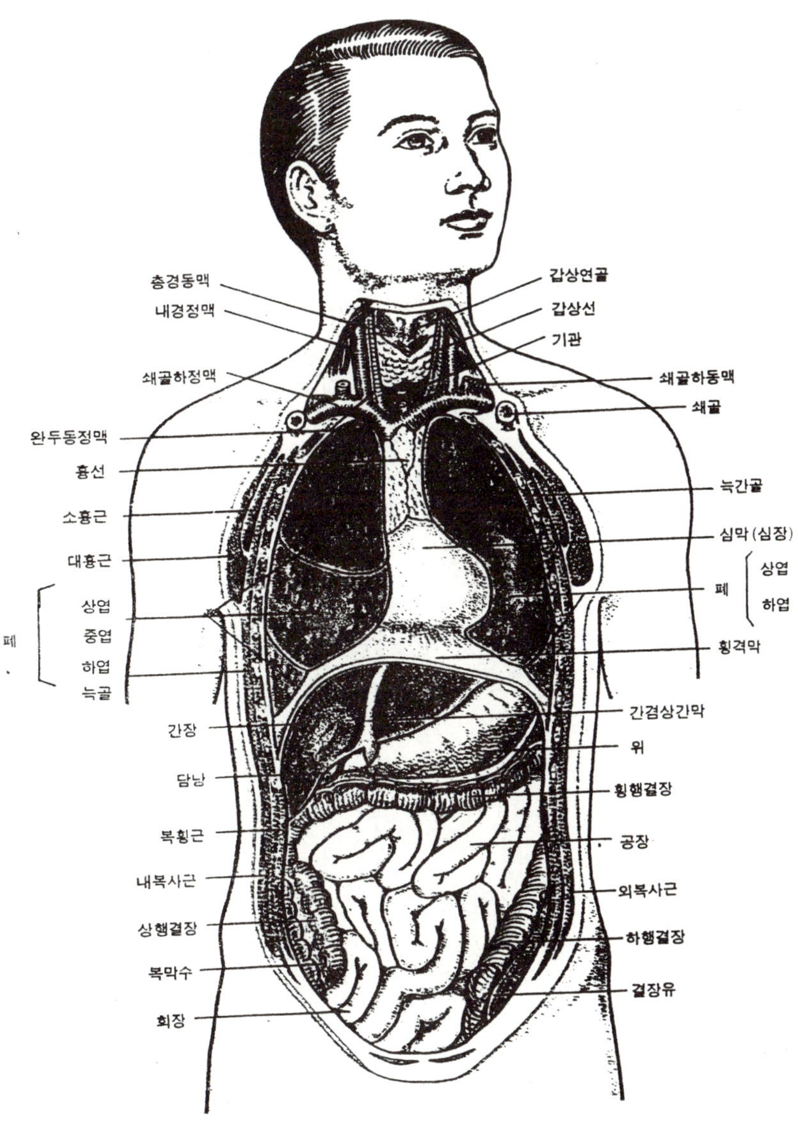

3-3. 인체 오장육부의 해부도(흉복부.2)

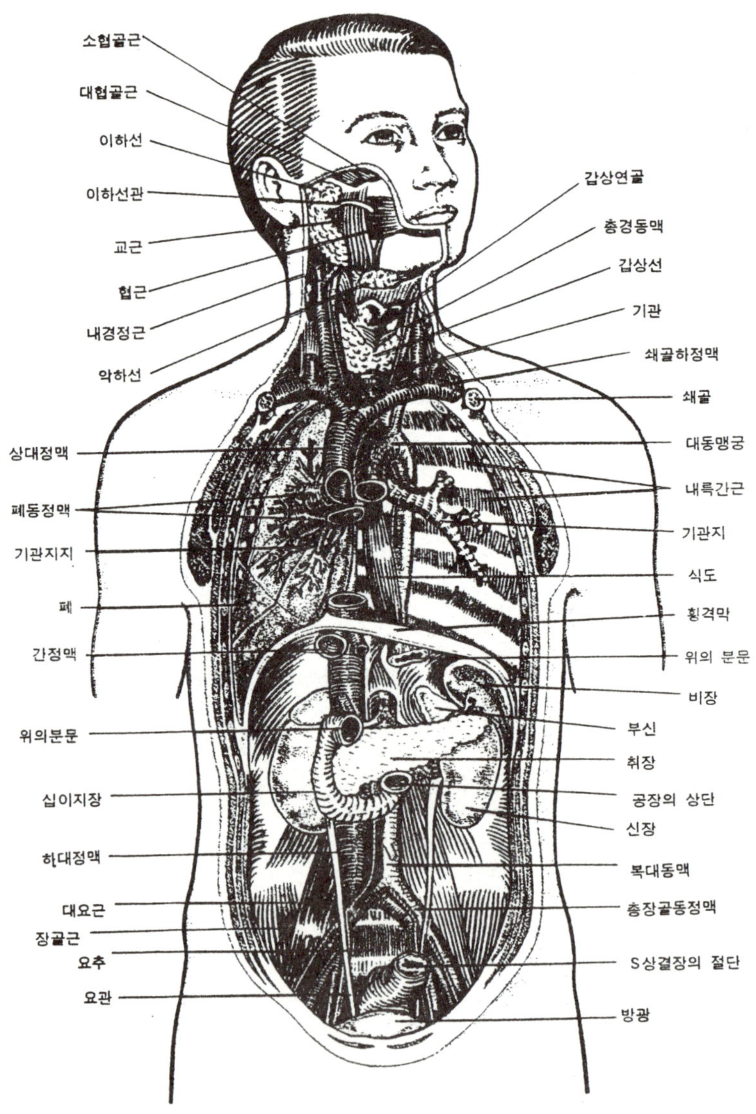

3-4. 인체 오장육부의 해부도(흉복부.3)

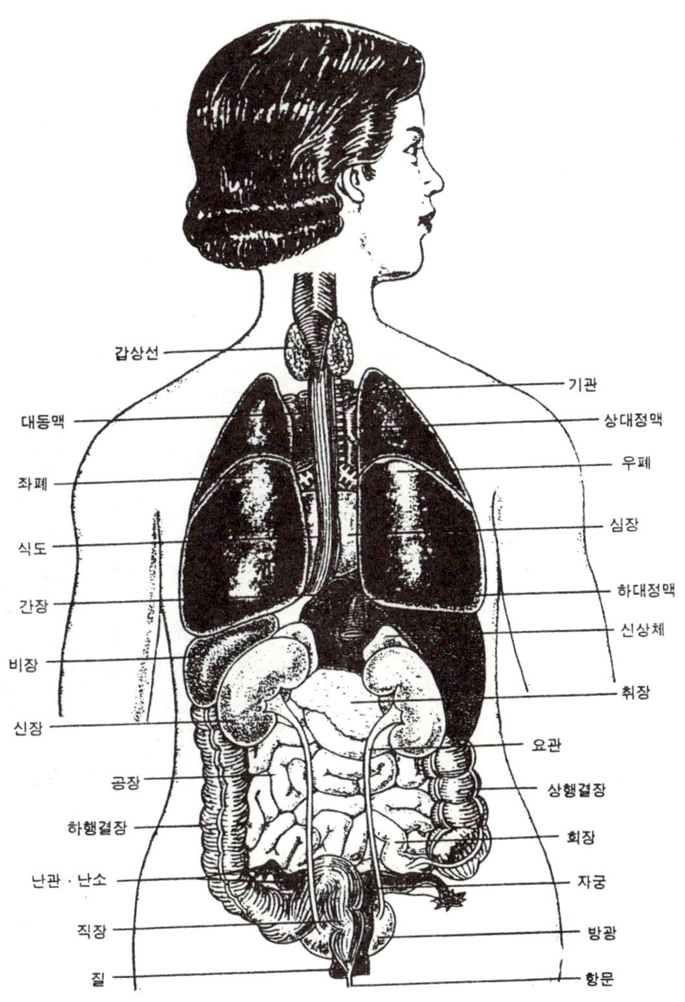

4. 인체의 소화기 계통도

1. 비강(鼻腔)
2. 구강(口腔)
3. 설하선(舌下腺)
4. 악하선(顎下腺)
5. 유문(幽門)
6. 간장(肝臟)
7. 총담관(總膽管)
8. 담낭(膽囊)
9. 12지장(十二指腸)
10. 횡행결장(橫行結腸) ⎫ 대장
11. 상행결장(上行結腸) ⎭ 의 일부
12. 결장판(結腸瓣)
13. 맹장(盲腸)
14. 충수(蟲垂)
15. 직장(直腸)
16. 이하선(耳下腺)
17. 인두(咽頭)
18. 식도(食道)
19. 분문(噴門)
20. 위(胃)
21. 췌장(膵臟)
22. 공장(空腸)
23. 회장(回腸)
24. 하행결장(下行結腸)
25. S 상결장(狀結腸)

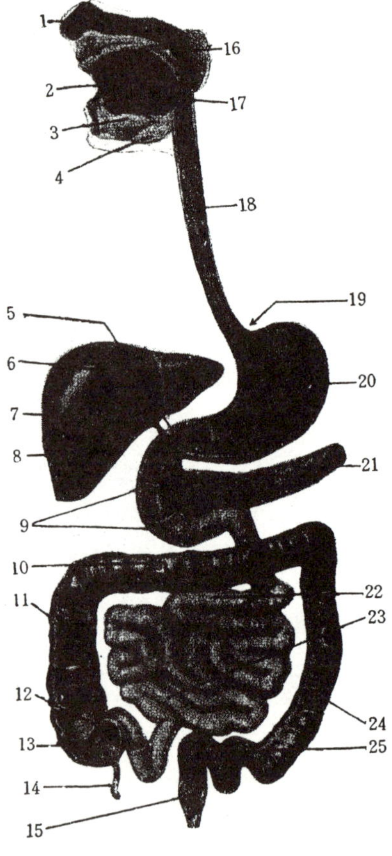

5. 인체의 맥 관계 전경

총경동맥
쇄골하정맥
하대정맥
요측피정맥
심장
척추피정맥
상완정맥
간정맥
하대정맥
상장간막동맥
하장간막동맥
총장골동맥
내장골동맥
대복재정맥
대퇴정맥
대퇴동맥
슬와동맥
후경골동맥
전경골동맥
외측천경정맥
내경정맥
쇄골하동맥
상행대동맥
폐동맥
늑간동맥
복강동맥
상완동맥
신장
하행대동맥
요골 동맥
척골 동맥
외장골 동맥
순환계의 전경
폐동맥
폐
폐정맥
우심방
좌심방
우심실
우심실
간정맥
장
대동맥
문맥
신
장간막 동맥
신정맥
체조직
신동맥

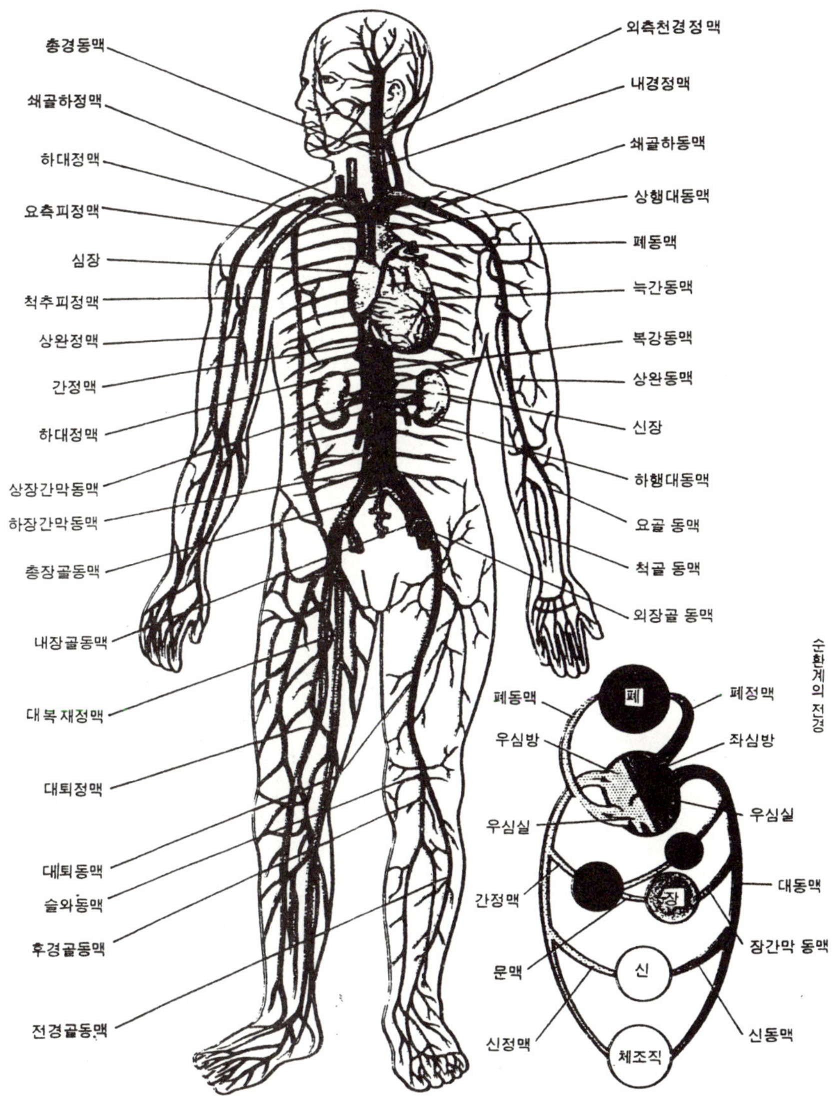

6. 인체의 신경계의 전경

대뇌
소뇌
경신경총
완신경총
척추
교감신경간
요신경총
선골신경총
대퇴신경
좌골신경
경골신경
총비골신경
천비골신경
심비골신경
외측족저신경
뇌신경
연추
늑간 신경
액와신경
요골 신경
정중 신경
척골 신경
뇌양
대뇌
시상
송과체
하수체
교
연추
소뇌
뇌정중단내 측경
대뇌
하수체
연추
대뇌
동맥륜
소뇌
뇌하면 전경

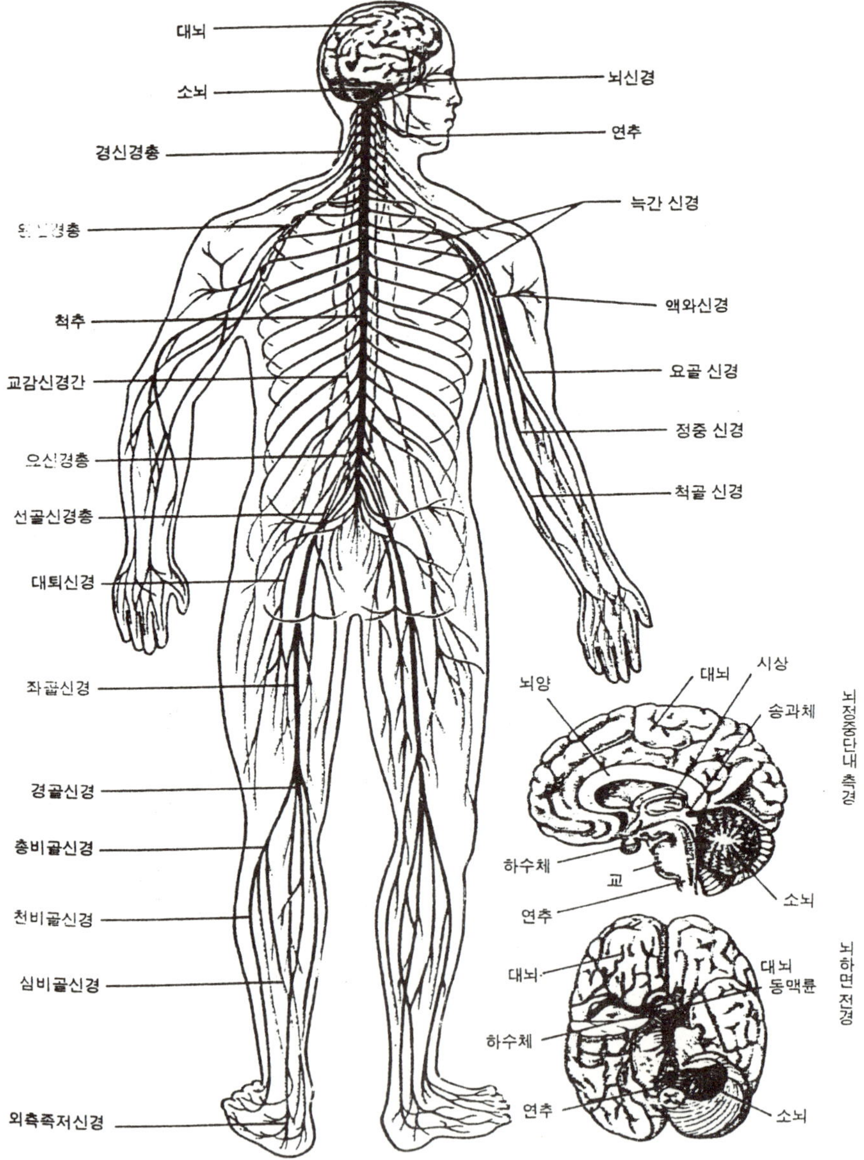

7-1. 인체 척추의 구조와 모양

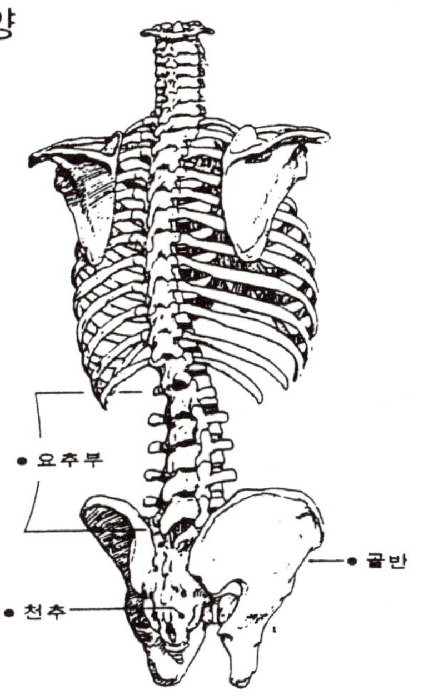

등뼈는 어떻게 생겼나?

등뼈는 목, 등, 허리 등 세 부분으로 형성되어 있으며 각각 곡선으로 되어 있다. 이 곡선은 사람이 성장하면서 형성되며 신체의 정상적인 기능을 도와주고 등뼈 주위의 조직을 충격에서 보호한다.

또한 몸의 균형을 유지하고 등뼈의 움직임을 유연하게 해준다.

1) 목 부분은 7개의 뼈로 구성되어 있고 '경부'라고 하는데 신체의 앞을 향해 곡선을 이루고 있다.
2) 등은 '흉부'라고 하며 12개의 뼈로 구성되어 뼈마다 갈비뼈(늑골)가 연결되어 있고 뒤를 향해 곡선을 이루고 있다.

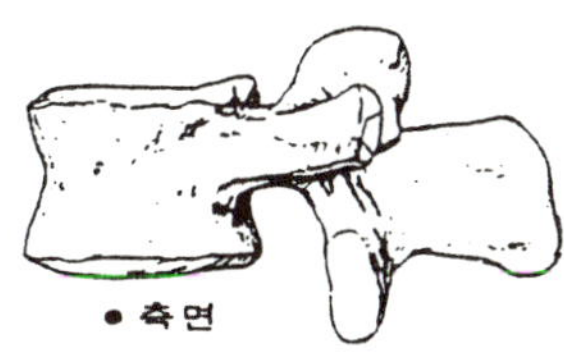

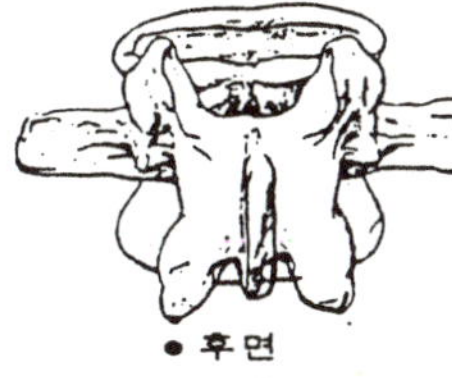

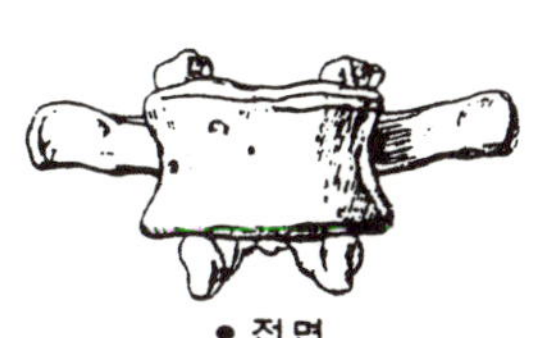

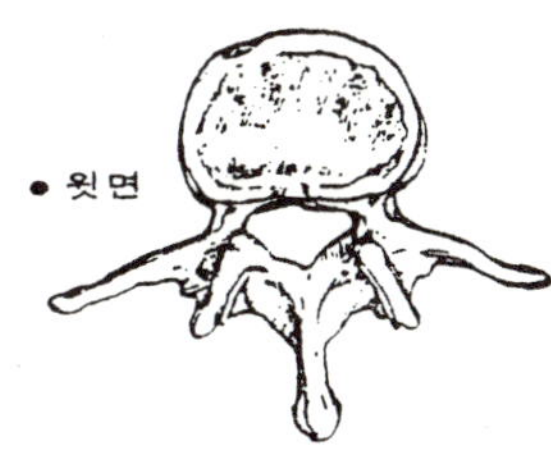

3) 허리 부분은 '요부'라고 하며 5개의 뼈로 구성되어 앞을 향해 곡선을 이루고 있다.
4) 허리 아래 부분은 '천추'라고 한다.

척 추

여러 개의 척추가 연결되어 등뼈가 되는데 척추의 기본 모양은 같지만 부위에 따라 조금씩 차이가 있다.

척추의 앞부분은 체중을 지탱하고 뒷부분은 척수(중추신경)를 둘러싸서 보호한다.

7-2. 인체 척추의 구조와 모양(관절)

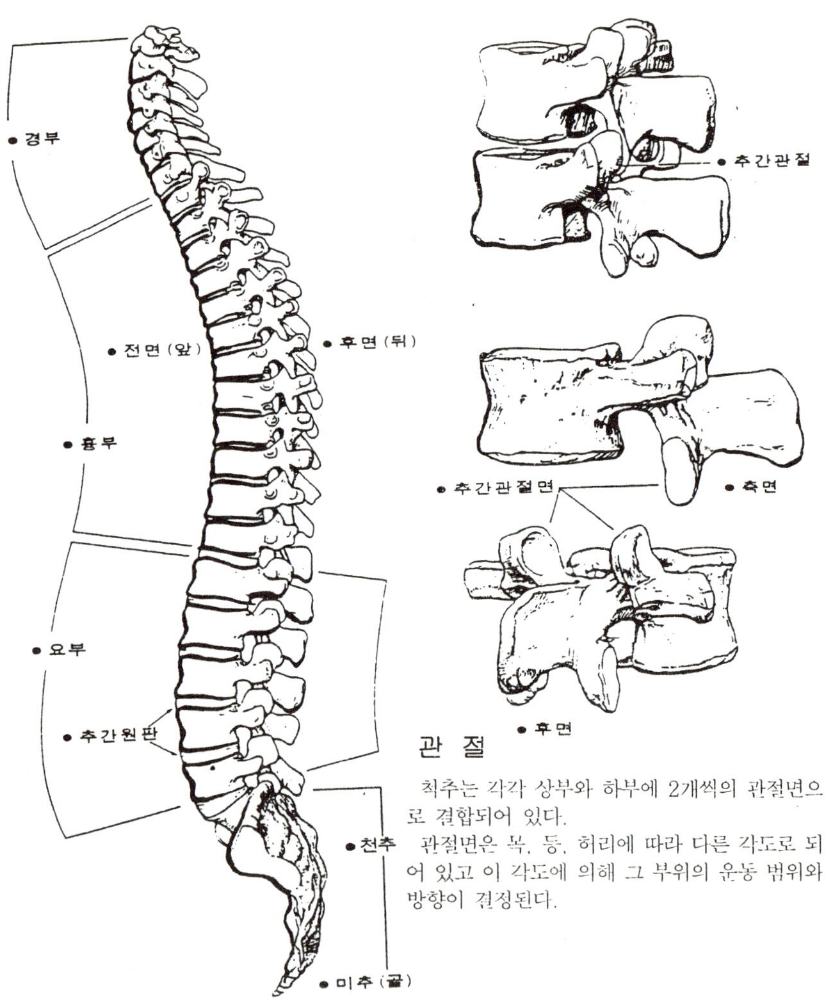

관 절

척추는 각각 상부와 하부에 2개씩의 관절면으로 결합되어 있다.

관절면은 목, 등, 허리에 따라 다른 각도로 되어 있고 이 각도에 의해 그 부위의 운동 범위와 방향이 결정된다.

7-3. 인체 척추의 구조와 모양(디스크)

● 추간원판

각 척추 사이에는 젤리 모양의 디스크가 있는데 대부분이 수분과 유액으로 구성되어 있다.

디스크의 외부는 나무의 나이테처럼 생긴 섬유층이 있는데 이것을 섬유륜이라 하며 뒷부분이 앞부분보다 두껍다.

디스크 중간에는 액체로 된 핵이 있고 이 핵은 척추를 앞으로 구부릴 때 뒤로 밀려나고 뒤로 젖힐 때 앞으로 밀려난다.

디스크의 기능은 충격을 흡수하고 척추를 정상적으로 움직이게 한다.

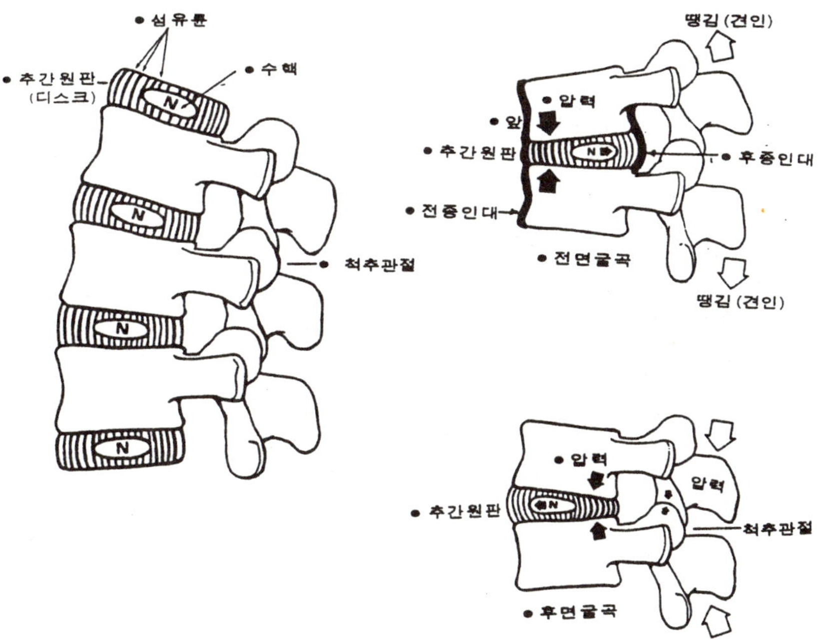

7-4. 인체 척추의 구조와 모양(인대·근육)

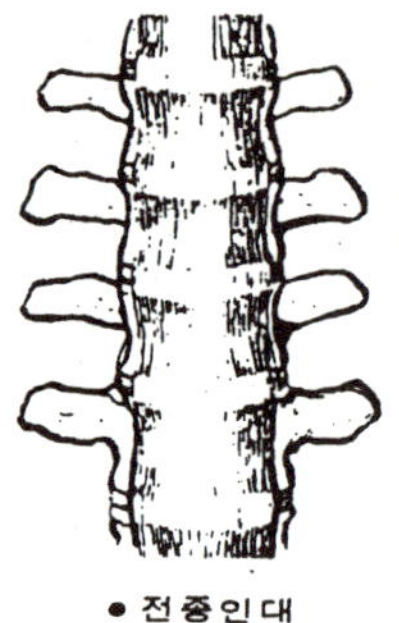

인 대

척추의 인대는 척추와 디스크를 연결하면서 척추의 안정성을 유지하는데 구조적으로 작고 탄력성이 부족하다.

1) 전종인대 – 전종인대는 두개골의 하부로부터 척추의 전면에 부착되어 디스크와 척추를 연결한다. 또한 전종인대는 강한 인대로서 척추가 뒤로 구부러지는 것을 막는다.

2) 후종인대 – 후종인대는 척추와 디스크를 연결하며 척추의 후면에 있다. 이 후종인대는 약한 인대로서 척추가 앞으로 구부러지는 것을 막는다.

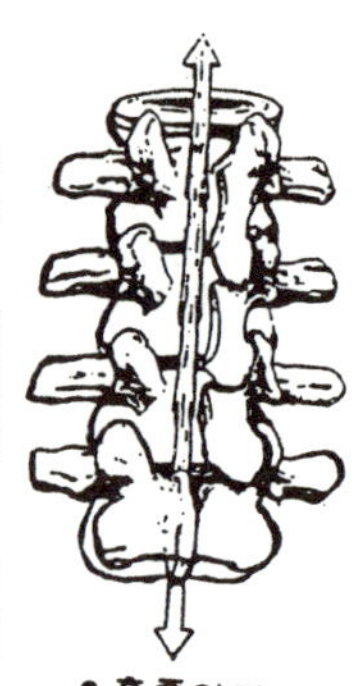

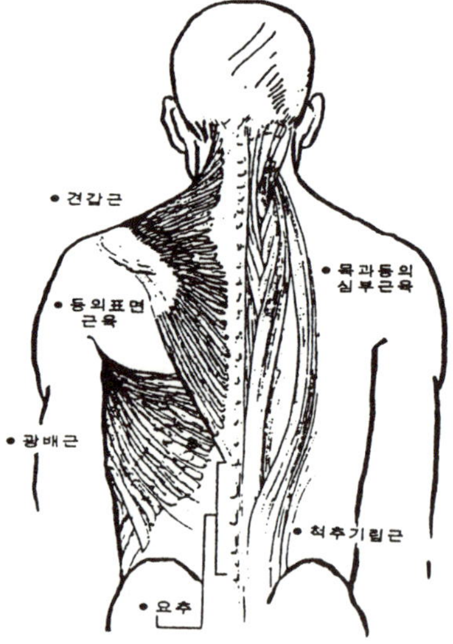

근 육

등의 근육은 잘 발달되어 매우 강하고 각각의 근육은 서로 밀접한 관계가 있어서 고개를 들 때에도 등의 맨 밑에 있는 근육도 작용하는 경우가 있다.

이러한 근육들은 척추 전체에 아주 강하게 붙어 있다.

근육이 작용하는 범위는 인대가 늘어나는 범위로 결정된다.

근육은 완전히 수축하거나 완전히 이완되지 않는 중간범위에서 가장 강한 힘을 내고 가장 강한 힘을 내고 가장 효율적으로 움직인다.

7-5. 인체 척추의 구조와 모양(신경 · 천골, 장골관절)

신 경

척수에서 나오는 첫 번째 신경 줄기는 척수기 연결된 구멍을 통과하는데 이 부위를 신경근이라고 한다.

이 신경근에서 나오는 신경은 더 작은 신경 가지들로 갈라져 나온다.

이 신경들의 일부는 허리와 다리의 근육에 작용하여 근육 수축을 일으키고 또 다른 신경근은 허리의 관절면에 작용한다. 그리고 어떤 신경은 인대와 피부에 분포되어 감각을 느낄 수 있게 된다.

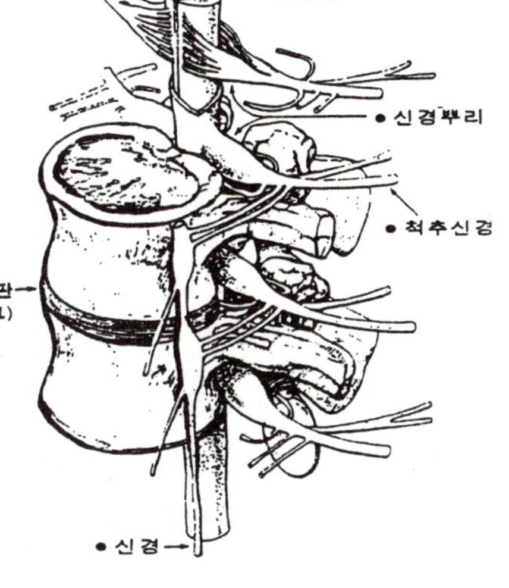

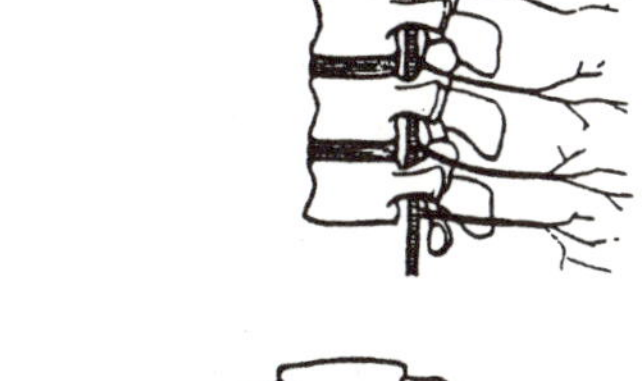

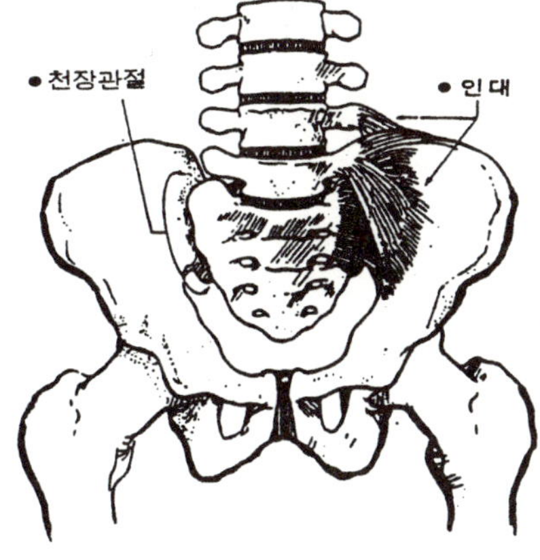

천골, 장골관절

이 관절은 허리와 엉덩이를 연결하고 큰 힘이 이 부위에서 교차되며 강한 인대가 천골, 장골관절을 받치고 있다.

디스크에 문제가 있어서 인대에 충격을 받거나 인대가 너무 지나치게 당겨질 때 이 부위에 염좌가 일어날 수 있다.

8. 남성 골반 장기의 생김새

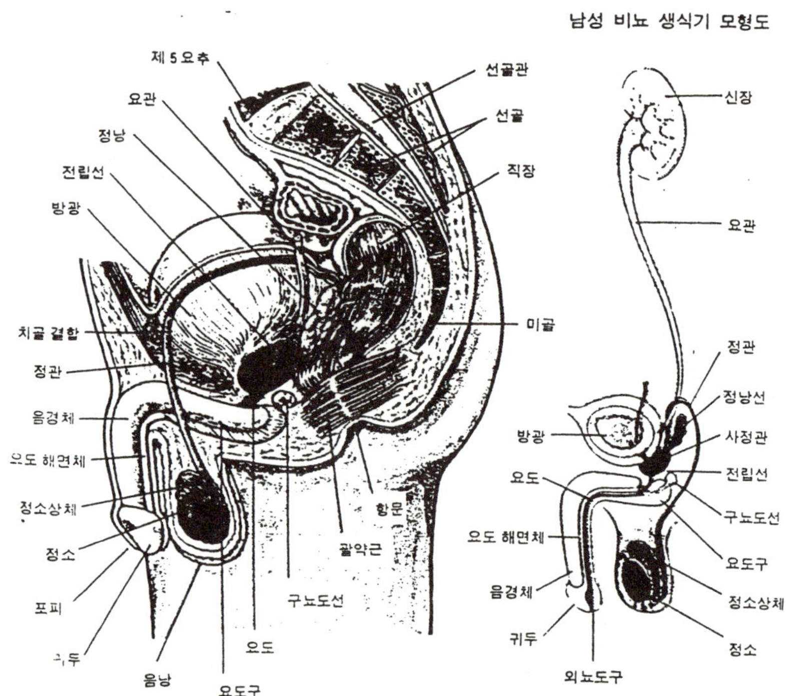

9. 여성의 골반 장기의 생김새

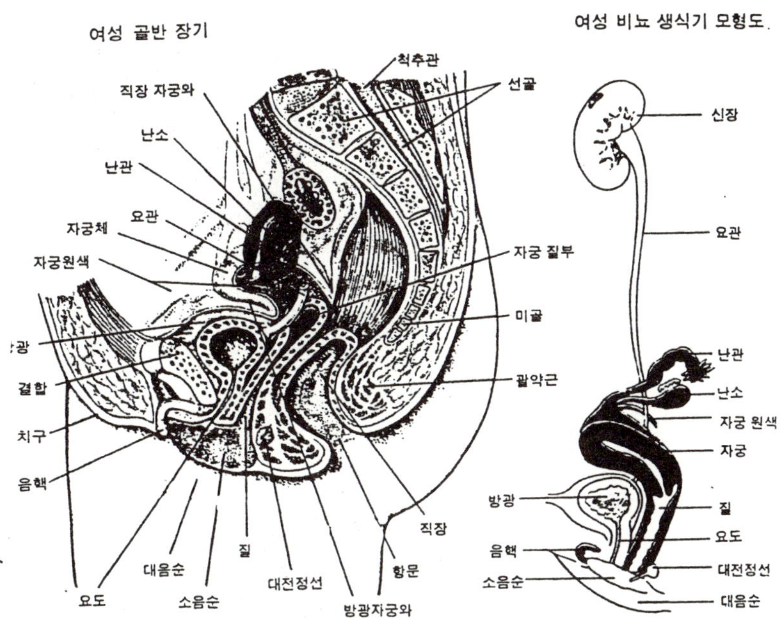

10-1. 간장의 구조도

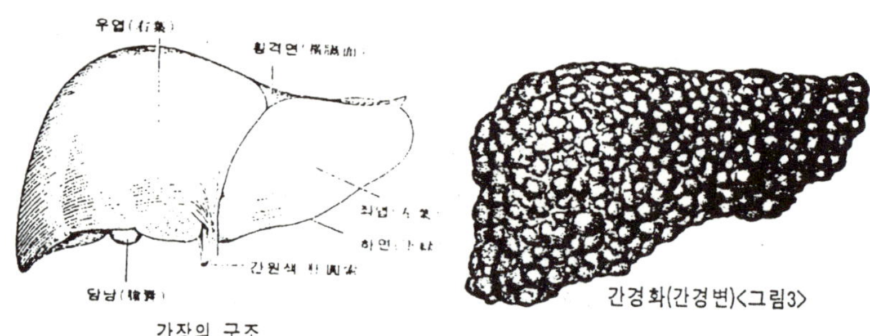

간장의 구조

간경화(간경변)〈그림3〉

정상간 조직〈그림4〉

10-2. 간장의 구조도

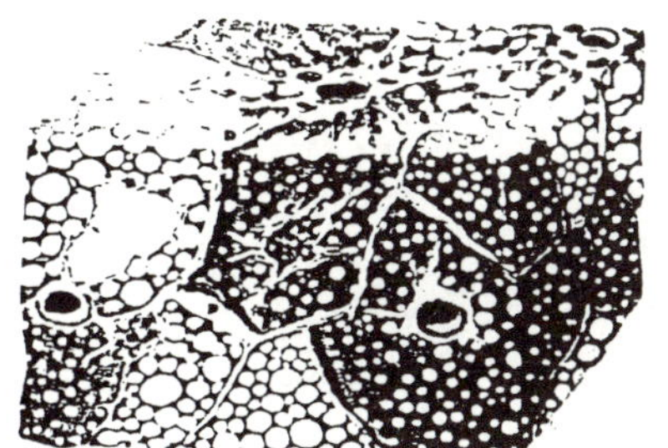

지방간 조직〈그림1〉

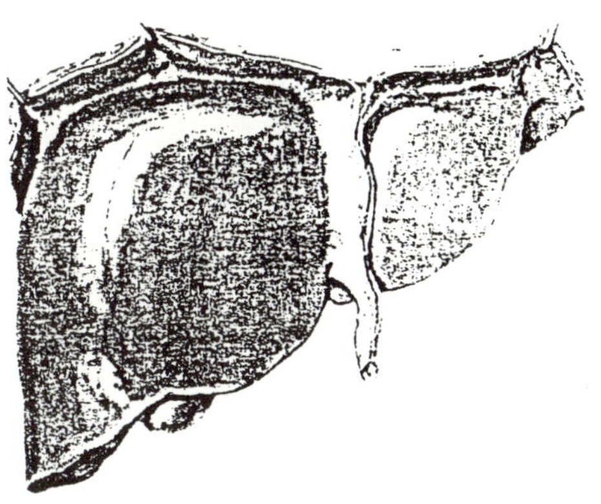

정상간 표면〈그림5〉

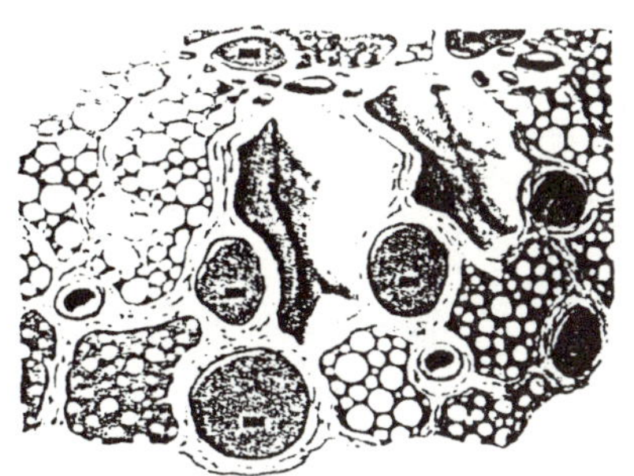

심한 지방간〈그림2〉

11. 눈의 구조도

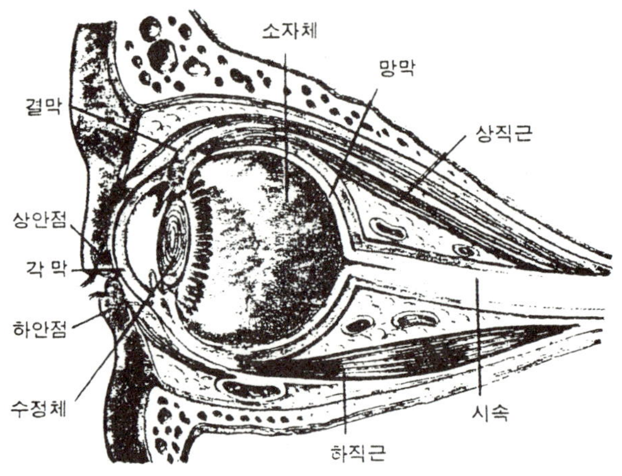

12. 귀의 구조도

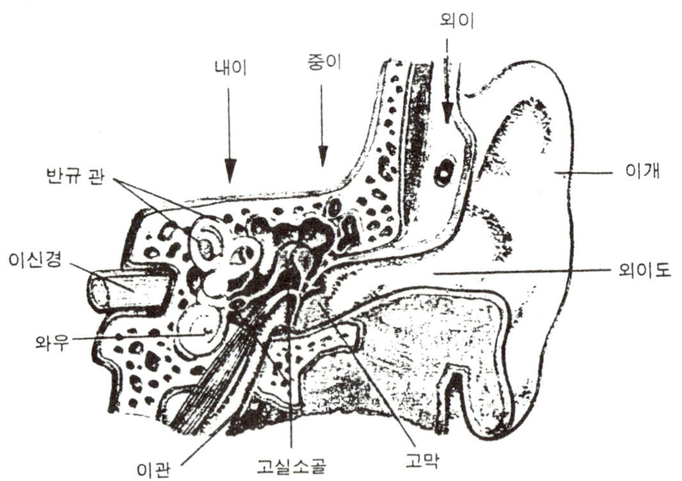

13. 목(경부) 내장기의 전경

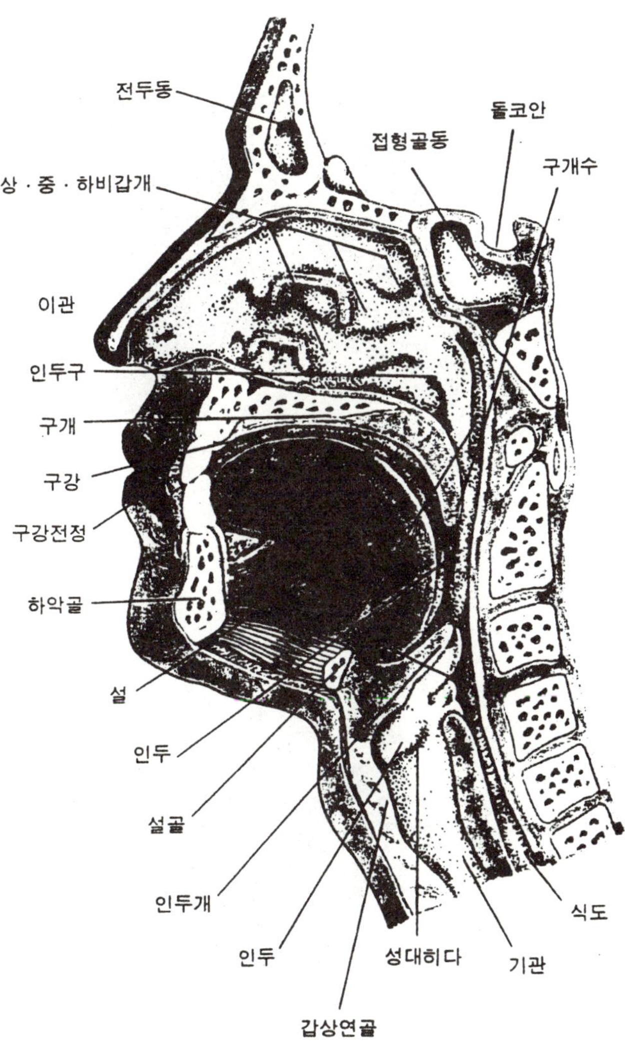

14. 폐장과 가관의 모양도

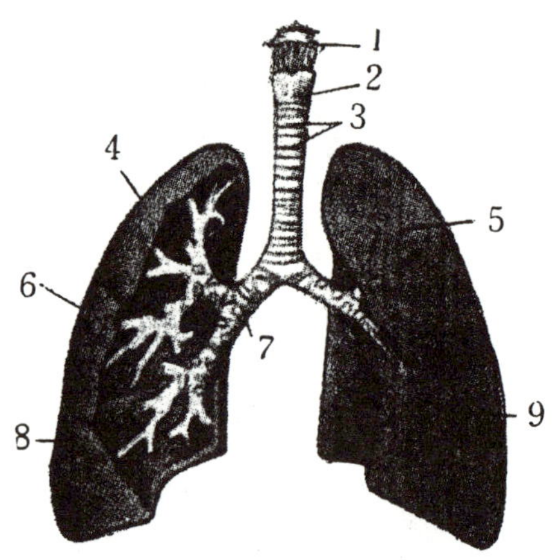

15. 심장의 단면도

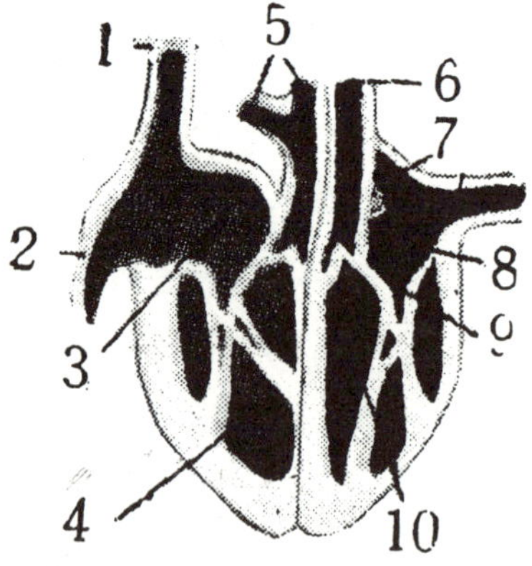

16. 전신의 혈관 구조도

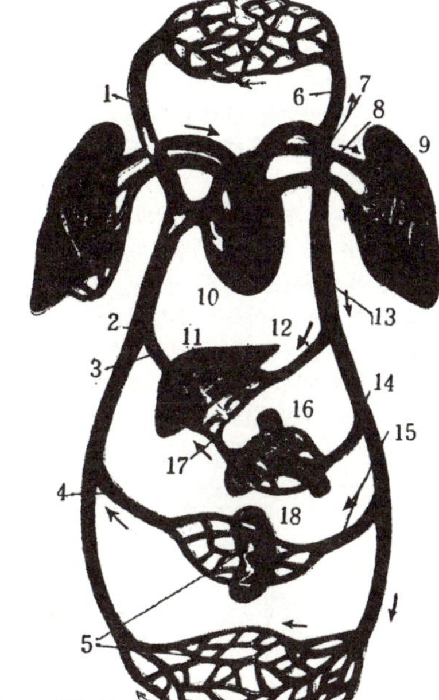

1. 상대정맥
2. 하대정맥
3. 간정맥
4. 신정맥
5. 모세혈관
6. 총경동맥
7. 폐동백
8. 폐정맥
9. 폐장

10. 심장
11. 간장
12. 간동맥
13. 대동맥
14. 장간막동맥
15. 신동맥
16. 장
17. 문정맥
18. 신장

17. 신장의 단면도

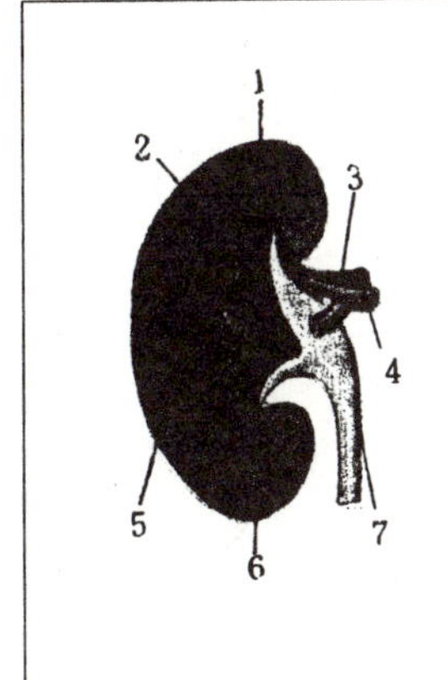

1. 피막
2. 피부
3. 신동맥
4. 신정맥
5. 수질
6. 신우
7. 요관
8. 하대정맥
9. 복대동맥
10. 수뇨관
11. 신장
12. 방광
13. 총장골동정맥

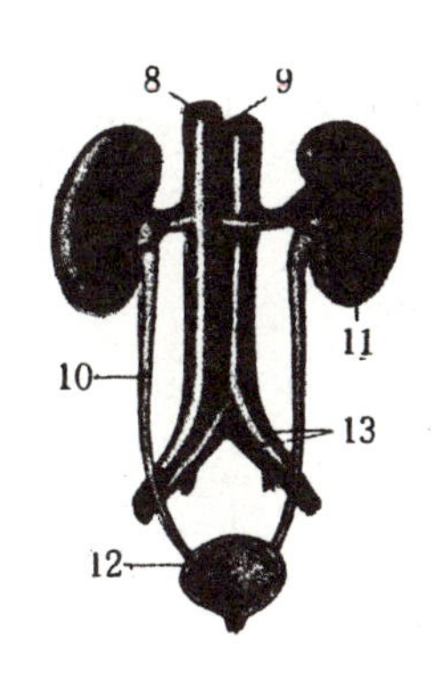

18. 수지요법의 요약

피부에 0.5㎜ 밖에 삽입되지 않는 아주 작은 침과 뜸을 사용하는 수지요법은 시술법이 간단하고 부작용이 적으며 치료효과가 신속해, 민간요법으로 필요충분조건을 갖추고 있다.

수지요법이 만들어진 이론적 배경은 아이러니칼하게도 서양의학에서 인정하는 내장체표반사이론. 내장기 이상은 반드시 피부표면에 과민반응부위를 형성하고 거꾸로 반응부위에 자극을 주면 이 자극이 내장기에 영향을 준다는 것.

수지요법은 상응반사론(相應反射論), 내장기인 장부(臟腑)의 상태를 진단하고 치료법을 결정하는 기맥론(氣脈論), 다섯손가락과 장부의 관계론(五指臟腑關係論) 등 크게 3가지로 이루어져 있다. 수지침에서 가장 기초가 되는 상응반사론은 손에서 인체의 모든 부분을 대표하는 지점을 찾아 이를 체계화시켜 놓은 것이다.

손바닥은 인체의 앞면, 손등은 뒷면에 해당된다. 세째손가락끝은 인체의 머리부분에 해당되는데 세째손가락의 세째마디는 턱밑에 해당한다. 둘째·네째손가락은 양 손, 첫째·새끼손가락은 양 발이다.

상응점을 찾는 방법은 손바닥을 바깥쪽을 향하게 놓았을 때를 기준으로 한다. 예를 들어 왼쪽 편두통일 때는 왼손의 손등쪽 가운데 손가락 끝마디 왼쪽부위에서 압통점을 찾아야 한다. 반대로 오른쪽 아랫배에 통증이 있을 때는 오른손 손바닥의 정중앙선을 기준으로 왼쪽 하단에서 압통점을 찾아 자극을 준다.

상응점은 압통(壓痛 : 누르면 아프다)이나 긴장(緊張 : 단단하다), 응결(凝結 : 뭉쳐 있다), 색택(色澤 : 색이 변한다), 전기적 반응 등으로 나타나고 이곳에 자극을 주는 것이다.

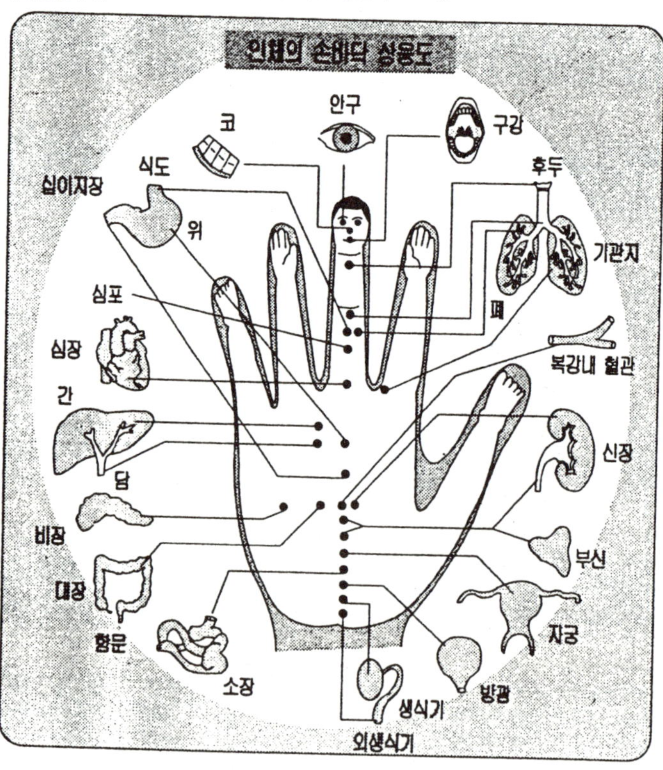

19. 손의 반사구 분포도

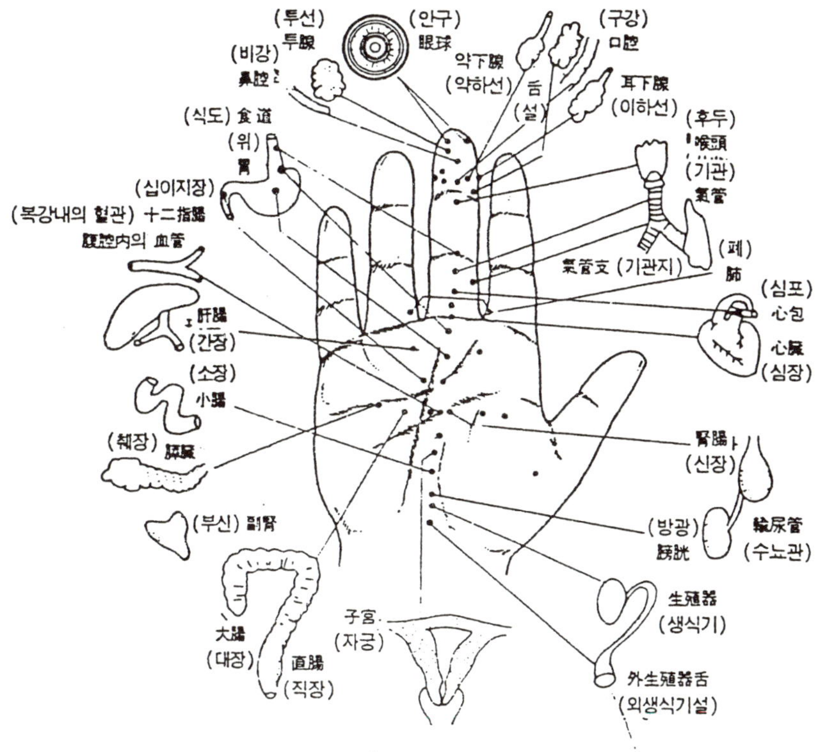

손바닥은 人體의 축소판

손(手)은 人體의 모든 부위와 직결되어 있어 人體에 질병이 발생하면 손에도 해당 부위를 눌러 보면 뇨산정이라는 독소가 있어서 아픈 통증이 온다.

손의 반사요법

손의 반사 요법이란 몸의 어떤 부위에 이상이 있게 되면 손의 반사구에 압통과 응어리가 나타나는데 이것은 기관의 이상이 신경을 통하여 손바닥과 손등의 해당 반사구에 반사되기 때문이다.

압통과 응어리가 나타나는 부분을 반사구라 하는데 여기를 손으로 자극하게 되면 이상이 일어나 기관에 그 자극이 전해져서 이상 부위가 개선(치유)되고 따라서 반사구의 반응(압통과 응어리)도 사라진다.

따라서 손도 발과 같이 인체의 온몸을 나타내는 축소판으로 손을 자극하는 것만으로 질환의 예방과 치료를 할 수 있게 된다.

20. 발바닥과 내장, 골격의 상응배치도

A. 발바닥과 골격의 약도

B. 발바닥과 내장의 약도

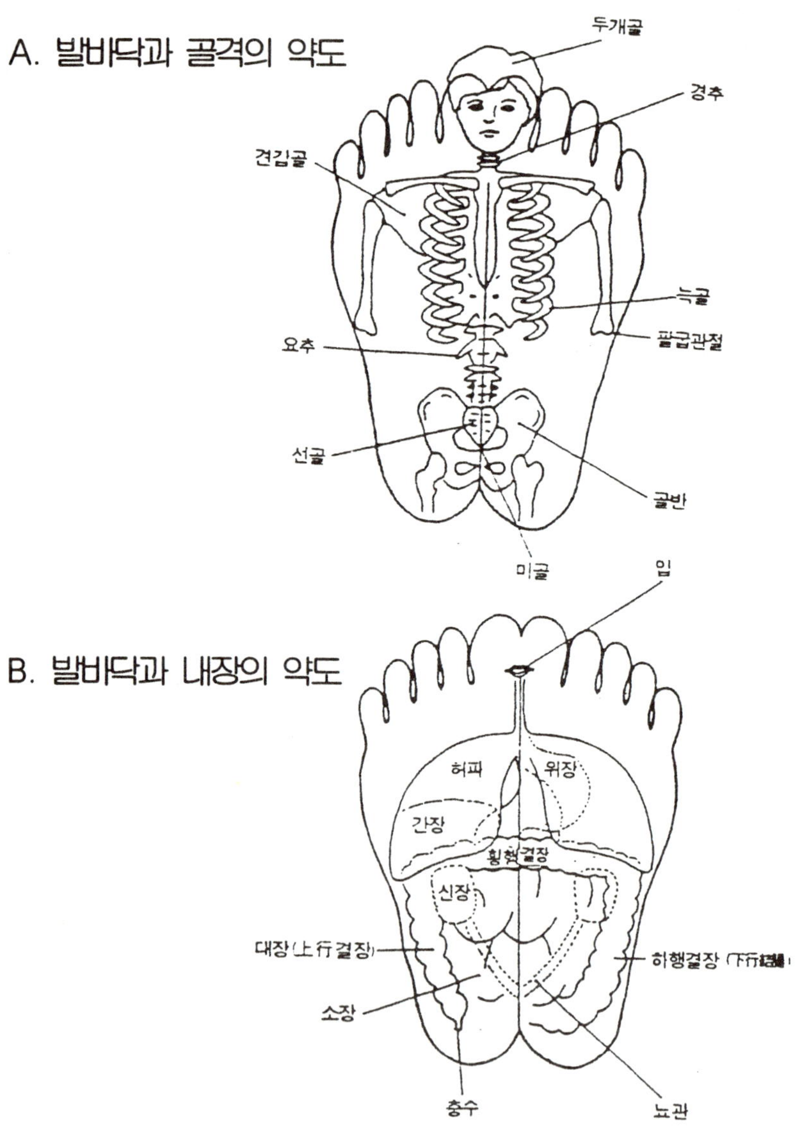

21-1. 좌우 발바닥 반사구 분포도(오른발)

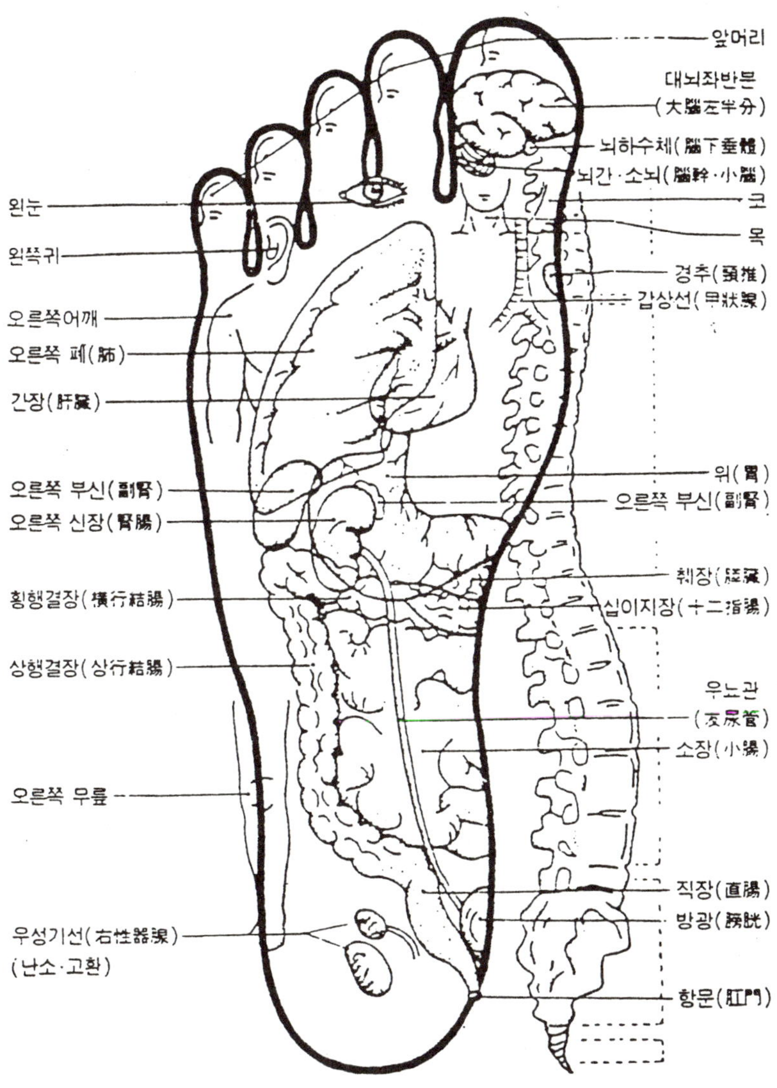

반사위치(反射位置)2

21-2. 좌우 발바닥 반사구 분포도(왼발)

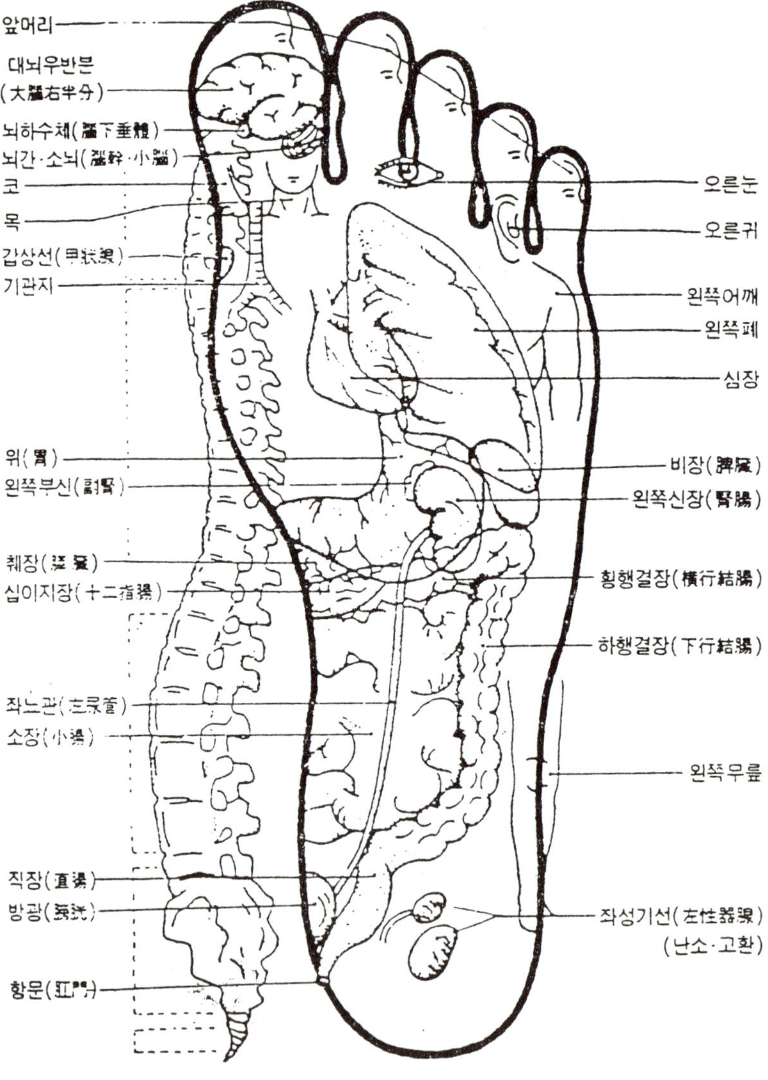

반사위치(反射位置)1

22. 발바닥 전체의 반사구 분포도

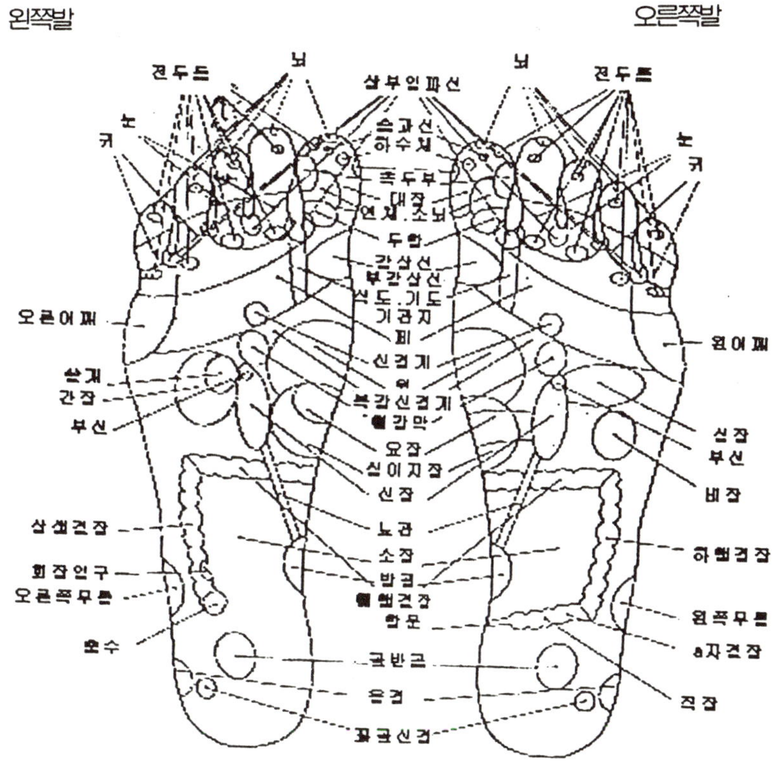

기본적 자극방법

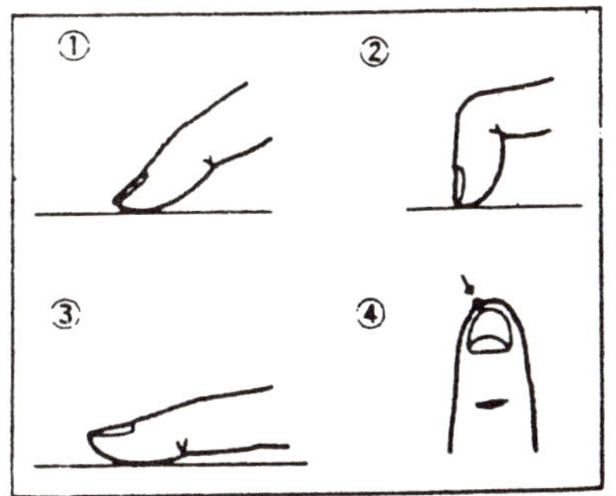

① 엄지 끝을 비스듬히 반사구에 댄다
② 손가락 끝을 세우는 순간 힘을 가한다.
③ 힘을 빼고 손가락을 펴면서 전진한다.
④ 점 표시 부위에 힘을 가한다.

23-1. 압 통증의 안마 위치

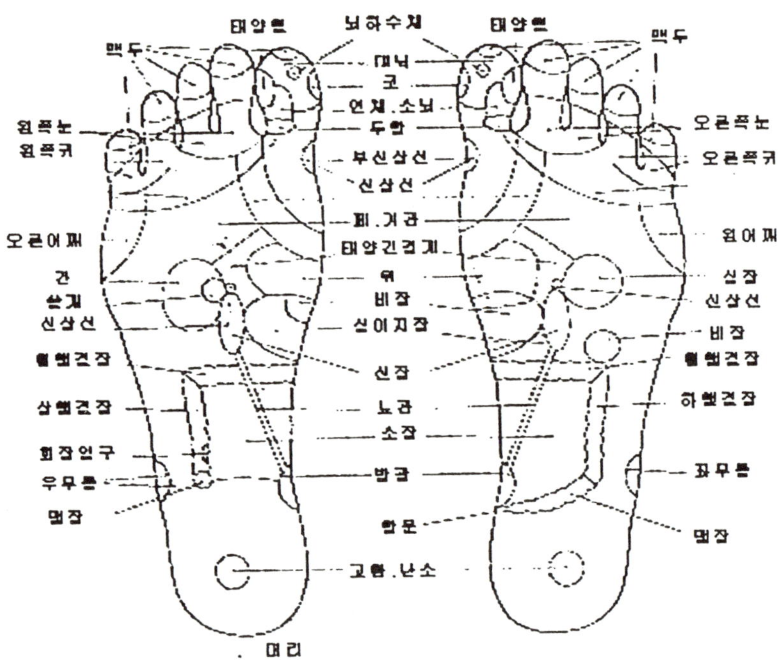

23-2. 압 통증의 안마 위치

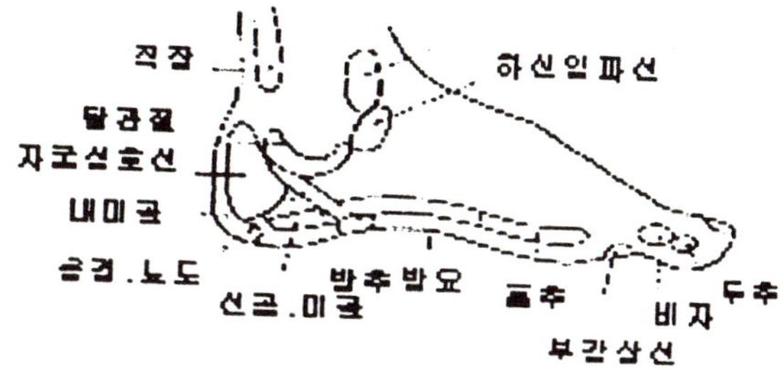

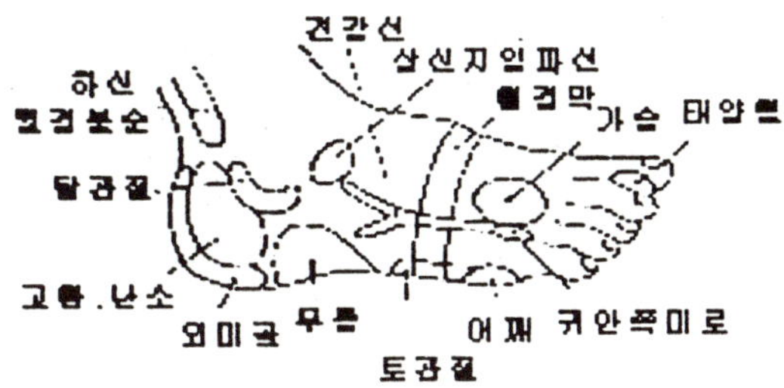

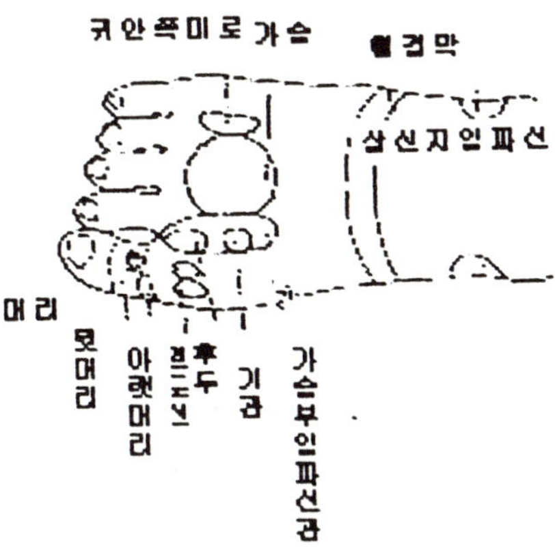

24-1. 발바닥의 중요 자극점과 건강효과

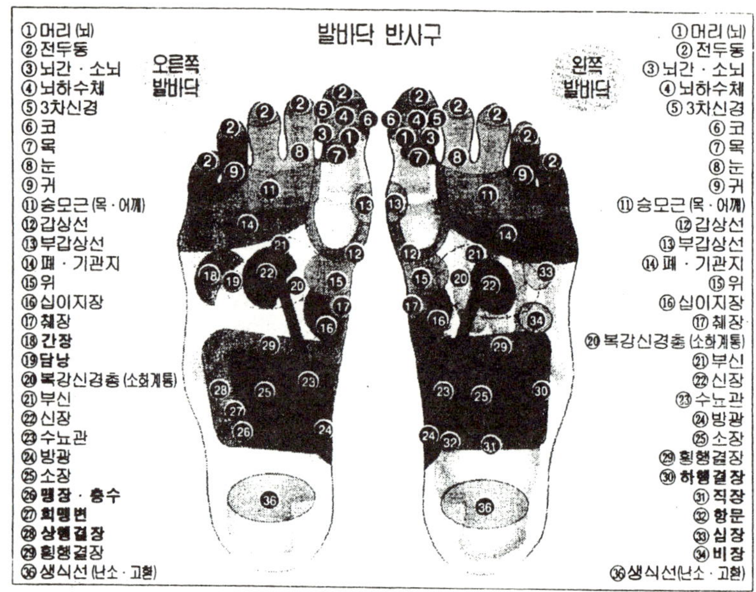

24-2. 발바닥의 중요 자극점과 건강효과

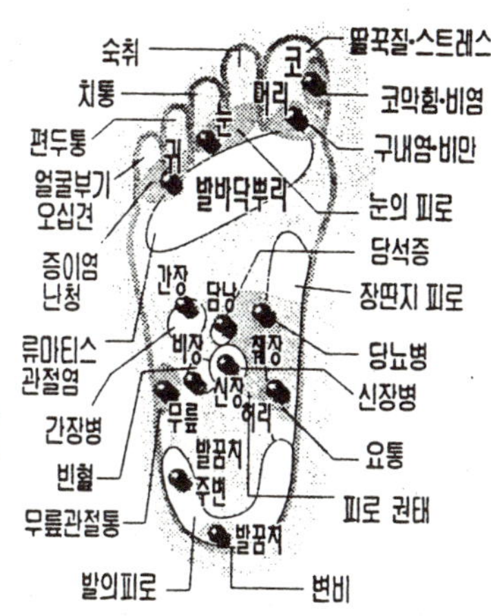

발바닥에 우리 몸 전체의 반응점이 모두 모여있다. 발마사지란 발바닥 이곳 저곳을 주무르고, 때리고, 눌러주고, 문지르는 것

마사지 요령은 우선 발바닥 전체를 세심하게 꼭꼭 눌러보아 통증 부위, 뭉친 곳, 모래알 같은 이물감이 있는 부위, 굳은 부위가 발견되면 부지런히 문지르고 눌러서 이를 없애주는 것이다. 단순히 발바닥에 그치지 말고 발등도 누르거나 문질러 주어야 하는데 뼈와 뼈 사이의 압통점을 중점적으로 눌러주는 게 좋다. 그런 다음에는 반드시 발목-종아리-무릎 위 10cm까지를 순서대로 고루 주물러 준다. 피로회복을 위해서라면 하루 10분씩이면 충분하다. 그런 다음 역시 10-15분쯤 발을 심장보다 높은 곳에 올려놓고 휴식을 취하면 더욱 좋다.

사실 발마사지는 단순한 피로회복용으로 만들어진 것은 아니다. 서양에서는 레프렉솔로지(반사구용법이란 뜻), 동양에서는 판지법(瑞趾法) 또는 족심도(足心道)란 이름으로 시행돼 온 대체요법이다. 원리는 내장기의 이상이 손, 발, 목 등 특정부위에 나타난다는 '내장체표반사이론'에 입각한 것. 결국 수지침, 이침(耳鍼)요법처럼 발바닥을 대상으로 하는게 다를 뿐이다.

발의 압통점을 누를 때 통증을 견디기 힘들만큼 강하게 눌러야 효과가 있는데 하루 20분간 2회를 기준으로 10대는 1개월, 20대는 2개월, 50대는 5개월간 실시해야 한다. ▶식후 1시간 이내는 피하고 ▶치료후 30분 이내 끓인 물을 한컵 정도 마셔야 하며 ▶차거운 물을 마시거나 샤워는 절대 금물. 더운물 목욕후에 하는 발마사지는 더욱 효과적이라는 것도 알아두면 좋다.

25. 지압법의 위치도

위하수
어깨저림.중풍
어깨저림.위하수
고혈압.위하수
어깨저림.심장병
위하수.고혈압
위경련.중풍
위하수.숙취
피로회복.위장병
갱년기장애.위하수
치질.요통.이질.변비
요통.갱년기장애.냉증
좌골신경통.신장병
스트레스.고혈압.위경련
변비.허약체질
좌골신경통.요통.배통
중풍.반신불구
급성관절염.류마치스.척추염.
요부.다리마비.등허리아픔
변비.척가
신경통.요통.밑의마비
고혈압.허약체질.
심장병.허리.다리.냉증

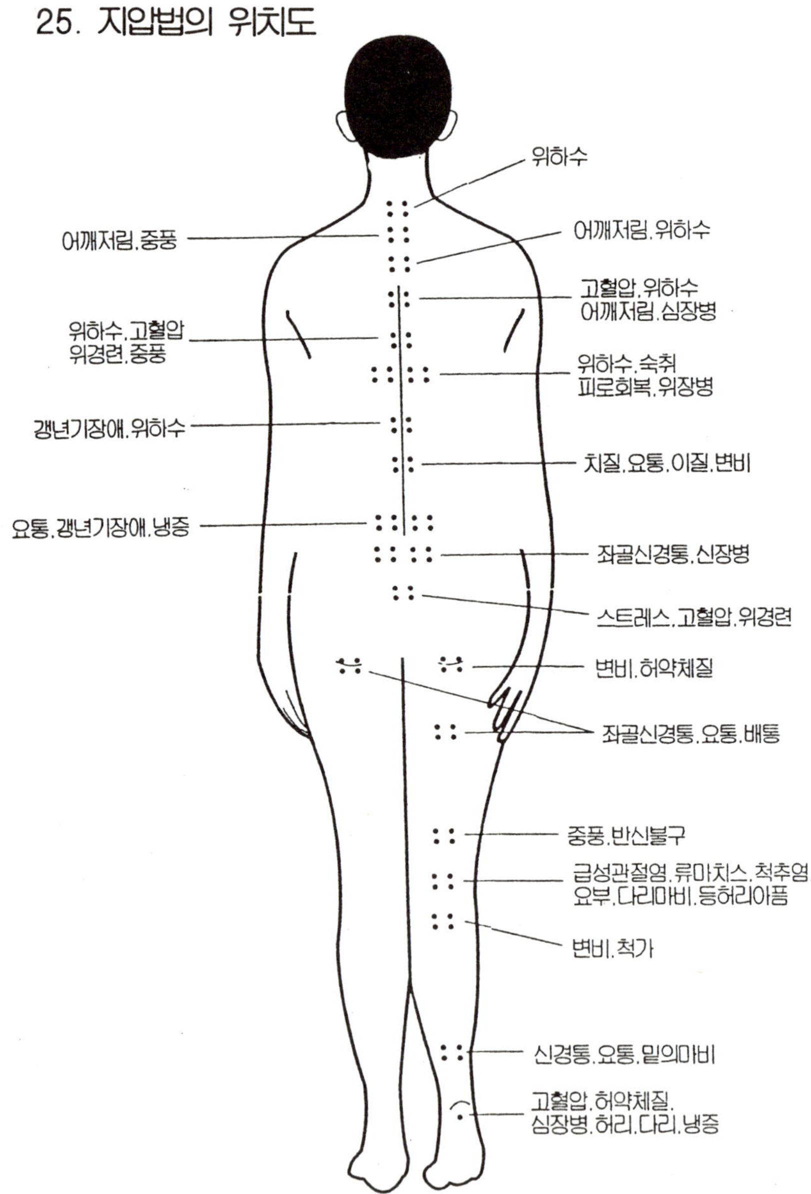

26. 신경 가지 압박과 관련 증상도

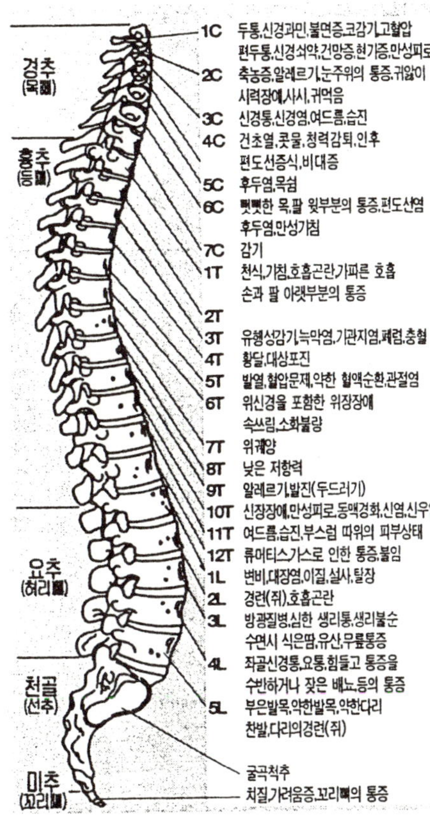

카이로프랙틱은 수많은 대체요법 가운데 최근 가장 각광받고 있는 것 중 하나다.

그리스어로 '손'을 뜻하는 '케이로스'와 '치료한다'는 뜻의 '프랙티스'가 합성된 카이로프랙틱 (Chiropractic)이란 명칭 그대로 '손으로 행하는 치료법'이라는 뜻.

창시자는 캐나다에서 미국으로 이민한 대니얼 데이비드 팔머라는 수기(手技)치료사. 수기치료란 현재 우리에게 지압, 마사지, 접골 등으로 알려진 방법들을 총 괄하는 치료법으로 중세유럽에서 시작돼 널리 알려진 자연치료법의 일종이다.

1895년 팔머는 귀머거리 하인의 튀어나온 목뼈를 눌러 제자리로 돌려놓자 갑자기 귀가 들리게 되는 현상을 경험한 후 뼈와 질병과의 관련성에 대해 연구를 시작했다.

이후 팔머 가문이 대를 이어 시술체계를 확립하고 카이로프랙틱이라는 이름을 붙였다.

실제로 거의 모든 사람의 척추는 잘못된 생활습관이나 아주 작은 외부충격의 누적 등 다양한 원인으로 인해 서서히 비틀어져 뼈마디가 조금씩 제 위치를 벗어나는 아탈구(亞脫臼) 현상을 일으킨다.

제자리를 벗어난 척추 뼈마디는 척추 속에 있는 척수로부터 갈라져 척추 뼈마디 사이의 추간공을 통해 밖으로 나오는 31쌍의 척수신경 가지를 압박하게 된다. 이 신경가지들은 제각기 서로 다른 내장기관의 자율운동을 관장하고 있어 신경가지가 압박을 받거나 비틀리면 질병이 발생하는 것은 당연한 일.

그러나 이같은 증상은 어느 정도까지는 본인이 전혀 의식하지 못하다가 그 정도가 심각해져야 비로소 병적인 증상으로 나타난다.

비틀림이 심해지면 뼈마디 사이에서 척추의 굴신운동을 돕고 추간공의 간격을 유지시키는 역할을 하는 추간판(椎間板)도 제자리를 벗어나게 된다. 디스크라 부르는 추간판 탈출증이다. 때문에 비틀어진 척추의 마디마디를 제자리에 돌려 놓으면 나머지는 인체가 가진 자연 치유력에 의해 모든 관련 질병이 저절로 치료된다고 하는 논리다.

질병별 치유 기도방법

본서의 이 부분 내용은
Paul Bible World Mission이 발행한
소책자 『찰스·프란시스 헌터』의
"질병별 치유기도법"을 참고하여
내용을 보강해 제작한 것입니다.
성령치유 능력목회 연수원

질병별 치유 기도방법

순	병 명	병 증 세	치유 기도 방법
1	간 질 (Epilepsy)	뇌 이상으로 경련, 발작. 입에 거품을 품고 쓰러짐.	1.간질 귀신 병마를 예수 이름으로 쫓아낸다. 2.손상 입은 뇌의 구조가 소생될 것을 명한다. 3.손을 머리에 얹고 뇌가 새로이 만들어질 것과 신경선의 기능, 뇌의 구조조직이 정상이 되어 간질병이 깨끗이 치유되도록 명한다.
2	간질환	간염. 지방간. 간경화. 간암. 간 기능 장애 등 간에 대한 여러 가지 질병	1.간 부위에 손을 얹고 간의 질병이 치유되도록 명한다. 2.간의 염증이 사라지고 지방간 상태의 지방분이 빠져나가고 간경화, 간암의 병근원이 고쳐지고 암세포가 사라져 버리도록 명한다. 3.간 쓸개에서 담즙 소화효소가 정상적으로 분비되도록 명한다.
3	감 기 (Colds)	온랭 기온에 따른 체내 조절기능 이상으로 감염. 열, 오한, 기침, 몸살 증세를 일으킴	1.감기증세를 예수 이름으로 추방한다. 2.목 디스크, 견비통, 몸살 등을 함께 치유한다. 3.유행성감기(influenza colds)라면 감기병균이 떠나도록 꾸짖고 감염병균에서 해방될 것을 명한다. 4.열이 내리고 두통이 멈추고 기침이 그치도록 명령하여 치유한다.

4	감염 (Infections)	박테리아. 바이러스. 곰팡이. 기생충 등 여러 가지가 원인이 됨.	1.병균감염을 꾸짖는다. 2.몸이 치유되고 그 조직과 기능이 정상화될 것을 명한다. 3."종합적인 일" 기도를 한다.
5	갑상선 염 (Goiter) 갑상선부종	목 중앙 아래쪽 (Adam's Apple) 주위가 붓고, 염증이 생겨 심하면 아기 주먹만큼 불룩 튀어나옴.	1.목 갑상선 증세가 있는 곳에 손을 얹고 염증, 비대증이 사라지도록 명한다. 2.예수 이름으로 새로운 갑상선으로 회복될 것을 명하여 치유한다.
6	갑상선질환 (Thyroid disease)	갑상선의 여러 가지 질환들	1.예수 이름으로 "목일"을 한다. 2.창조의 기적으로 새로운 갑상선이 말들어지도록 명한다. 3.갑상성 질환의 주원인은 심장에 있으므로 심장의 기능이 정상화되고 심장의 질병이 고쳐지도록 명한다.
7	건막류 (Bunion)	엄지발가락의 활액낭의 부종으로 피부가 두꺼워지고 발가락이 비뚤어짐. 발가락 건성피부질환 (Psoriasis)	1.피부 건선 병마를 쫓아낸다. 2.염증, 가려움증, 인편증을 꾸짖는다. 3.손을 환부에 얹고, 병든 조직이 치유되고 건강한 정상 피부 세포가 생성될 것을 명한다.
8	경련 (withing)	몸의 일부분이 떨림. 근육의 경련과 경색 증세.	1.환부에 손을 얹고 모든 압력과 자극이 사라지고 신경이 치유되도록 명한다. 2.경련이 멈추고 정상적으로 회복될 것을 명하여 치유한다.

9	건초열 (Hayfever)		"알레르기" 부분참조
10	게실증 게실염	근육벽을 따라 생김. 내장 점막의 돌출액낭, 붉은 반점이 생김.	1."골반일"을 하면서 액낭반점이 사라지고 내장벽이 정상적인 힘과 기능을 발휘할 것을 명한다. 2.감염이 사라지고 조직이 모두 치유되도록 명한다.
11	고혈압 (High Blood Pressure)	혈압이 비정상적으로 높아지는 것, 본인이 특히 알고 있는 원인이 있는지 물어보라. 주원인은 심장에서 혈압 조정 기능이 약해진 것임.	1.심장의 기능이 회복되고 혈압이 정상이 되고 고혈압증세가 치유되도록 명한다. 2.머리에 열이 내리고 혈액순환이 잘되고 혈압 수치가 정상화되도록 명한다.
12	골관절염 (Osteoarthritis)		"관절염" 부분 참조
13	골다공증 (Dowager's Hump)	뼈의 퇴화로 뼛속에 크고 작은 구멍이 생기는 증세. 뼈가 약하여 절골되기 쉬움.	1.골다공증 귀신을 쫓아낸다. 2.종합적인 일을 하면서, 뼈가 몸 안에서 칼슘과 다른 필요한 성분이 생성되어 새롭고 강한 뼈로 재생될 것을 명한다. 3.등과 척추 뼈가 곧아질 것과 뼈의 구멍이 고쳐지도록 명한다.

14	공포증 (Fear)	비정상적인 두려움 증세. 무엇을 두려워하나 물어볼 것.	1. 공포증 귀신을 쫓아낸다. 2. 하나님의 평강이 임하기를 빌고, 두려운 과거사에 대한 기억이 사라지도록 명한다.
15	관절염 (Arthritis)	심한 통증에 따르는 관절의 염증. 관절이 붓고 비뚤어지기도 함. 무릎, 발목 등 관절염은 허리디스크, 좌골신경통의 주원인.	1. 먼저 허리디스트, 좌골신경통을 치유한다. 2. 온몸의 뼈대, 골격, 신경성, 혈관 조직이 정상으로 치유되도록 명한다. 3. 관절의 염증이 사라지고 통증이 사라지고 예수 이름으로 치유될 것을 명한다.
16	구개열 (구열) (Cleft Palate)	입안의 열이 솟아나 혓바늘, 입병이 생김. 입안에 염증, 잇몸에 상처가 생김.	1. 입에 손을 대고 입안의 모든 조직과 구조가 정상이 되기를 명한다. 2. 소화기계통에 병이 생겨 입에서부터 음식을 거부하는 현상일 수도 있으니 위, 간, 쓸개, 소·대장 등 소화기계통의 질병이 고쳐지고 모든 기능이 정상화되도록 명한다.
17	궤양증 (Vlcers)	위장이나 소장의 내부에 상처가 생겨 쓰라린 통증이 있는 상태.	1. 환부의 조직이 치유되도록 명한다. 2. 환부에 상처가 깨끗이 치료되고 통증이 사라지고 편안해지도록 명한다. 3. 환자의 마음에 하나님의 평강이 임하도록 명한다.

18	귀머거리 (Deafness)	귀머거리귀신이나 신경 결함, 고막의 이상. 청각의 마비로 귀에 소리가 들리지 않음.	1.귀머거리 귀신을 쫓아낸다. 2.두 손을 양귀에 대고 "에바다. 열릴지어다. 예수 이름으로 청각이 소생하고 고막이 되살아나고 귓문이 열릴지어다"라고 명한다.
19	귀울림 (이명증) (Tinnitus)	비정상적으로 귀에 소리가 남	1.이명증 귀신을 내쫓는다. 2.귀속의 모든 구조 조직이 새롭게 되고 달팽이관 조직이 정상이 되도록 명한다.
20	귀먹은 벙어리 (Deaf Mute)	듣지도 말하지도 못하는 것.	1.귀머거리와 벙어리 귀신을 내쫓는다. 2.귀머거리 부분 기도 방법을 계속한다. 3.예수 이름으로 귓문이 열리고 어눌한 혀가 풀리고 정상으로 치유되기 명한다.
21	기관지염 (Bronchitis)	목과 허파 사이의 기관지에 염증. 짙은 가래, 통증, 기침증세. 심하면 기관지천식. 원인은 심장에 있음.	1.가슴 위 부분과 인후에 손을 얹고 기관지와 허파의 질병이 치유되게 명한다. 2.원인이 심장이므로 심장 치유기도부터 한다. 3.기관지의 염증, 가래, 통증, 기침이 사라지게 명한다.
22	기면발작 (Narcolepsy)	정상적으로 깨어 있을 시간에 감당할 수 없는 잠이 퍼붓는 상태.	1.기면 발작 귀신을 쫓아낸다. 2.머리에 손을 얹고 뇌의 수면중추가 치유되고 그 기능이 정상화될 것을 명한다.

23	기 종 (Emphysemery) (폐질환)	갑자기 호흡을 할 수 없게 됨(숨이 막히는 증세)	1.정상적인 폐의 조직, 폐의 기능이 발휘되기를 명한다. 2.손상된 다른 신체 조직의 원인이라면 모든 조직이 정상화되기를 명한다. 3.예수 이름으로 호흡이 정상화되고 숨이 열리게 명한다.
24	난독증 (Dyslexia)	독서능력이 손상됨.	1.시신경의 기능이 정상이 되고, 뇌에 올바른 메시지를 보낼 것을 명한다. 2.뇌는 그 받은 신호를 해석하고 이해한 것을 그 사람에게 전달하도록 뇌에게 명한다.
25	난 시 (Astigmatism)	시력 이상으로 사물이 2·3겹으로 흐려 보임.	눈(Eyes) 부분 참조
26	낭포성 섬유증 (Cystic Fibrosis)	만성적 폐질환을 일으키는 유전성질환. 대부분 어린아이. 췌장과 간에도 침범.	1.유전과 낭포 섬유증의 귀신을 묶어 쫓아낸다. 2.췌장과 간 부위에 손을 얹고 몸의 분비선들이 정상화되기를 명한다.
27	내적치유 (Lmmer Healing)	정신적 고통, 모욕 등 잔인한 대우를 받아 마음의 병이 된 것. 이 증세는 타인에 의해 생김.	1.하나님께서 신령한 지우개로 과거의 상처를 깨끗이 지워버리도록 명한다. 2.그에게 상처를 입힌 자를 용서하게 권한다. 3.예수 이름으로 성령의 능력으로 치유되게 명한다.

28	내반슬 (O형으로 휜 다리) (Bowde legs)	카우보이 모양. O형 으로 휜 다리.	1."골반일"과 "다리 자라게 하는 일" 을 하면서 두 다리가 정상으로 곧 아지도록 명한다.
29	뇌성마비 (소아마비) (Ceveral Palsy)	어른들 중풍증과 같 음. 혈액순환 장애 로 뇌 손상, 수족 운 동신경 마비, 언어 장애, 발육성장애가 나옴.	1.뇌성마비, 소아마비 귀신을 내쫓 는다. 2.뇌 손상의 치료. 새로운 뇌가 생 길 것과 운동신경마비증세가 치 료될 것을 명한다. 3.수족에 새 힘이 생기고, 온몸에 통풍이 되도록, 각 조직의 질병 이 치유되기를 명한다.
30	뇌졸증 (중풍증) (Stroke)	뇌로 통하는 혈관이 막힘. 중추신경. 뇌 등의 손상으로 수족 마비 언어장애 등을 일으킴.	1.죽음의 귀신을 쫓아낸다. 2.뇌로 통하는 막힌 혈관이 뚫어지 고 손상 입은 조직이 회복되고 중풍증세 바람기가 고쳐지고 치 유 되라 명한다. 3.뇌 작용이 정상이 되고 중추신경 운동 신경이 되살아나도록 명한 다.
31	뇌 염 (Encephalitis)	뇌의 염증. 일반적 으로는 바이러스 감 염으로 생김(모기로 인해)	1.감염을 꾸짖는다. 2.부기가 없어지고 뇌가 치유되며 회복되어 기능이 정상화되기를 명한다. 3."목일"을 하면서 뇌의 혈액순환이 정상되게 명한다.

32	뇌손상 (Brain Damage)	사고나 충격에 의해 뇌가 손상을 입음. 뇌일혈로 뇌 기능이 마비됨.	1.뇌세포를 죽이는 뇌힐혈 귀신이 나가도록 명한다. 2.손을 머리에 얹고 창조의 기적으로 새로운 뇌가 만들어지기를 명한다. 3.신경들의 기능이 정상화되고 기억상실증이 회복 치유되기를 명한다. 4.뇌에 피가 고인 상태면 깨끗이 지워지고 정상이 되게 명한다.
33	뇌하수체 (Pitutary Gland)	뇌의 내분비선 이상으로 뇌 기능이 손상됨.	1.머리에 손을 얹고 "목일"을 하면서 뇌하수체가 정상으로 기능을 발휘하며 적당량의 호르몬을 만들 것을 명한다. 2.병에 걸린 다른 모든 부위가 치료되기를 명한다.
34	냉증	혈액순환 장애로 손발이 차고 아랫배가 찬 증세.	1.배꼽 아래 배(단전)에 손을 얹고 냉증이 치료되기를 명한다. 2.온몸에 혈액순환이 잘 되기를 명하고 심장의 기능도 정상 회복되게 명한다. 3.여성은 아랫배 자궁과 생리현상이 정상으로 치료되기를 명한다.
35	눈(Eyes) 난시 (Astigmatism)	눈의 비정상 상태로 사물이 2·3개로 겹쳐 보여 초점이 흐리게 됨.	1.눈의 각 부분을 치유하고 정상형태로 돌아갈 것을 명한다. 2.시력이 소생하고 초점이 바르게 되고 사물이 분명하게 보이게 되도록 명한다.

36	눈 소경 (Blindness)	시력손상. 보이지 않음. 맹인상태	1.녹내장.백내장.감염.망막분리 시 신경마비 등 원인을 알아 구체적으로 명하여 기도한다. 2.소경귀신을 묶어 내 쫓는다. 3.시신경과 눈구조와 뇌에 창조의 기적을 명한다.
37	눈 녹내장 백내장 (Glaucoma. Cataract)	눈의 안구내의 압력 상승이나 수정체의 혼탁으로 상태가 되는 질병.	1.눈에 손을 얹고 눈의 안압이 정상이 되고 유액과 눈물이 정상이 되고 눈동자 위에 자라 나오는 막이 깨끗이 사라지게 명한다. 2.녹내장, 백내장 증세가 깨끗이 치유되도록 명한다.
38	눈 근시안 원시안	멀리 있는 것을 잘못 보면 근시안. 가까이 있는 물체를 잘못 보면 원시안.	1.눈에 손을 얹고 수정체와 눈동자와 눈의 모세혈관, 망막 등 구조 조직이 정상화되고 눈동자의 기능이 회복되어 시력이 정상화되게 명한다. 2.시력이(멀고 가까운) 완전 회복되게 명한다.
39	눈 안구건조증 (Dry Eyes)	눈물샘의 이상으로 눈물이 나오지 않거나 눈이 건조하여 시리고 따가운 증세.	1.막힌 눈물샘이 열리도록 명한다. 2.눈물이 정상화되고 눈이 편안하게 명한다. 3.안구 건조증세가 깨끗하도록 명한다.

40	눈 망막염	눈동자와 망막사이에 염증. 사물이 안개가 낀 것처럼 희미하게 보임.	1.망막염증이 깨끗이 사라지게 명한다. 2.시력이 회복되고 눈앞이 환히 밝아지도록 명하다. 3.눈의 구조 조직이 모두 정상이 되게 명한다.
41	눈 망막출혈증	눈동자와 망막 사이에 모세혈관이 터지는 출혈 현상. 눈이 충혈되고 시력이 약해짐.	1.망막의 출혈증세가 깨끗이 치유되도록 명한다. 2.눈에 핏기가 모두 사라지고 정상적인 시력이 되살아나게 하고 눈앞이 환하게 밝아지게 명한다.
42	다리(Legs) 슬개골이상 (Kneeoap Problems)	질병이나 외상 출격으로 다리 슬개골에 이상이 생김. 다리가 굽음.	1.관절염, 슬개골 귀신을 내쫓는다. 2.손을 환부에 얹고 모든 다리와 근육, 인대, 연골, 모든 골격조직이 정상으로 회복되게 명한다. 3.필요하다면 새로운 슬개골이 소생되기도 한다. 4.다리가 자라게 하는 일을 한다.
43	다리 안짱자리 (Knock Kness)	두 다리가 O형으로 휘어진 것.	1."골반일"을 하면서 골반뼈(좌골)가 바깥쪽으로 돌 것을 명한다. 2.굽은 다리가 정상으로 펴지고 두 무릎이 닿도록 명한다. 3.무릎의 관절, 인대, 연골이 정상으로 돌아가게 명한다.

44	다리 짧은 다리 (절름발이) (Short Leg)	허리 디스크, 좌골신경통 등의 원인으로 골반뼈, 대퇴골이 비뚤어져 끌어올려져 다리가 짧아 보임.	1.다리가 자라게 하는 일을 한다. 2.허리디스크, 좌골신경통 치유 기도를 하고 비뚤어진 좌골, 위로 올려진 대퇴골 고관절이 정상화되게 명한다. 3.만약 실제로 다리가 짧다면 창조의 기적으로 정상이 되게 자라도록 기도한다.
45	다리인대가 손상됨 (Ligaments)	다리 어느 부분 인대가 손상으로 늘어지거나, 오글어든 상태. 비틀어지거나 과도하게 당김 발생.	1."다리가 자라게 하는 일"을 한다. 2.등뼈, 허리뼈, 척추가 정상으로 고정되고 치유되고 인대가 정상이 되게 명한다. 3.통증이 사라지고 다리가 정상으로 치유되게 명한다.
46	다발성 경화증	몸 여기저기에 여러 곳에 근육이 경화되는 증세.	1.다발성 경화증 귀신을 내쫓는다. 2."종합적인 일"을 하며 신경들이 정상적으로 기능할 수 있게 치유되기를 명한다. 3.경화상태에서 풀어지게 명한다.
47	다우어저씨 혹 (Dowager's Hump)		"골다공증"부분 참조.

48	담석증 (Gall stones)	쓸개나 쓸개와 간 사이에 결석이 됨.	1.손을 담낭 부위에 얹고 담석이 산산조각으로 파괴될 것을 명한다. 2.간과 쓸개(담낭)가 치유되고 기능이 정상화될 것을 명한다.
49	당뇨병 (Diabetes) (소갈증)	췌장에서의 인슐린 생산 부족으로 당분 등 몸 안의 모든 영양분이 소변 따라 빠져나가는 상태	1.유전과 당뇨 귀신을 내쫓는다. 2.췌장이 정상화되고 당뇨혈당치가 정상이 되고 췌장에서 인슐린이 정상으로 분비되고 당뇨병이 깨끗이 치유되도록 명한다.
50	대머리 (Baldness)	머리에 정상적인 양만큼의 머리카락이 자랄 능력이 없어 머리가 벗어짐.	1.모낭이 치유되고 머리카락이 정상으로 회복될 것을 명한다. 2.대머리가 예수 이름으로 고쳐지도록 명한다.
51	대장염 (Colites)	원인은 심장기능 약화로 신경성 대장염이 되어 설사가 됨.	1."골반의 일"과 "다리가 자라게 하는 일"을 하면서 대장을 조절하는 신경이 이완될 것을 명한다. 2.심장의 기능이 회복되어 신경성 대장염이 치유되고 설사가 깨끗이 고쳐지게 명한다.
52	동맥경화증 (Arterios Clerosis)	혈관 안에 콜레스테롤이 쌓임으로 동맥이 경화되어 혈액순환 장애가 됨.	1."목일"을 한다. 2.질병근원을 뿌리째 뽑아버리는 하나님의 능력이 나타나 모든 동맥에서 콜레스테롤이 완전히 없어지도록 명한다. 3.심장의 혈액순환기능이 원활해지고 동맥경화증이 치유되도록 명한다.

53	동맥유 (Aneurysm)	동맥의 혈관 벽이 얇아지고 팽창한 부위에서 일어나는 증세. 동맥파열의 위험도 있고 몸 안에 어디서든 일어날 수 있음.	1.환부에 손을 얹고 창조의 기적, 즉 강한 혈관 벽을 가진 새 혈관이 만들어지기를 명한다. 2.회복이 되어 피가 정상적으로 순환할 것을 명한다. 3.심장의 기능회복을 기도한다.
54	동성연애자 (Homeosexuals Lesbians)	동성간에 깊은 관계로 좋지 못한 sex 행위를 갖는 것. Homosex는 남성, Lesbian은 여성을 가리킴.	1.동성연애 상태에서 해방되고 치유 받으려면 먼저 본인들이 동성애욕망에서 벗어날려는 소원이 있어야 하니 이들 속에서 이런 욕망이 생기도록 명한다. 2.성령세례를 받도록 하여 동성연애귀신을 묶어 내쫓는다. 3.성 욕망이 이성간에만 생기도록 명한다.
55	두 통 (Headache)	긴장으로 인해 두통이 됨. 감기, 감염, 종양, 고혈압 등 여러 질병으로 인해 두통이 일어나기도 함.	1."목일"을 하면서 혈의 순환이 정상화 되고 혈관의 경련이 사라질 것을 명한다. 2.두통, 편두통 귀신을 내쫓는다. 3.머리 백회 부위를 약간 자극하여 머리에 통풍이 되고 혈액순환이 잘 되고 뇌의 기능이 정상화되어 두통이 치유되도록 명한다.

56	등뼈의 이상 (Back Problems)	등뼈의 통증 구부러짐.	1.원인을 찾아 의사의 진단에 따라 통증, 사고결과, 수술후유증 등을 알아서 적절히 치유를 명한다. 2."팔을 자라게 하는 일" "다리가 자라게 하는 일" "골반 일" 등을 명한다. 3.디스크, 척추, 관절, 인대, 연골 등 골격조직을 구체적으로 치유를 명한다.
57	디스크이상 (Disk Problems)	비뚤어져 나온 디스크 두 척추관절 뼈 사이의 디스크(연골)가 퇴화 또는 튀어나와 신경을 누름으로 생기는 불편 이나 통증.	"등뼈 이상"을 참조.
58	디스크 병 (Disk Disease)		"등뼈 디스크 이상"참조
59	마비증 (Palsy)	뇌세포의 퇴화로서 떨리는 증세가 동반 되며, 몸의 일부분이 자유로 움직여지지 않게 됨.	1.마비증 귀신을 내쫓는다. 2."목일"을 하면서 뇌의 기능이 정상화되고 신경조직이 정상화되어 마비증세가 풀리도록 명한다. 3.병에 걸린 다른 모든 부위가 치유될 것을 명한다.

60	메니에르씨 병 (Menier's Disease)	귀속에 이상증세. 현기증 생김.	1.메니에르씨병 귀신을 내쫓는다. 2.귀속에 병이 치유되고 귓속에 흐르는 신경선과 모세혈관에 혈액 순환이 정상이 되게 명한다. 3.어지러운 현기증증세가 사라지게 명한다.
61	목병 (Neck)	목근육 긴장. 통증. 목뼈의 디스크 병.	1."목일"을 한다. 2.목근육, 목뼈, 목디스크, 인대, 연골, 신경선 모두가 정상으로 치유되기를 명한다. 3.목뼈의 통증이 사라지기를 명한다.
62	몽고리즘 다운씨 증후군 (Mongolism, Down's syndrome)	염색체 이상으로 얼굴이나 손 모양이 비정상적으로 비뚤어지고 심장 등 다른 기관에도 결함을 가져오는 선천성질환.	1.몽고리즘 귀신을 내쫓는다. 2.머리에 손을 얹고 새로운 뇌가 만들어질 것을 명한다. 3.세포가 변화되어 필요한 수의 염색체를 가질 것과 나머지 불필요한 염색체는 사라질 것을 명한다. 4.몸이 치유가 되고 기능이 정상화될 것을 명하고 얼굴 의형태가 비정상이 된 신체 모든 부위가 정상화되게 명한다.
63	무릎이나 팔꿈치에 고인 물 증세	무릎이나 팔꿈치등에 수분의 비정상적인 집결. 수종증이라고도 함.	1.수종증 질병이 치유될 것을 명한다. 2.무릎이나 팔꿈치에 고인물이 깨끗이 사라지고 깨끗이 정상으로 치유될 것을 명한다. 3.하나님의 신비로운 역사로 이뇨가 일어날 것을 명한다.

64	미골 이상증 (Tailbone or Coccyx)	척추의 마지막 꼬리뼈의 통증. 부종.	1.환자의 손을 미골 위에 얹고 그 위에 손 얹고 미골의 통증이 치유되고 미골관절이 정상이 되도록 명한다. 2.결합조직, 인대, 연골이 정상으로 치유되게 명한다.
65	발(Feet) 편평발 (Fallen Arches)	평발상태	1."골반일"을 하면서 천골(척추의 하단부에 있는 이등변삼각형의 뼈)과 골반이 정상위치로 조절되기를 명한다. 2.발바닥에 오목한 부분이 형성되기를 명한다.
66	발 건막류 (Bunions)	엄지발가락 연결부위의 부종.	1.유전귀신을 내쫓는다. 2.염증을 꾸짖어 치유를 명한다. 3."골반일"과 "다리가 자라게 하는 일"을 하면서 발가락뼈들이 제 위치로 들어가고 인대가 강해져서 발이 정상이 될 것을 명한다.
67	발. 티눈 (Callouses and Corns)	발의 각질.	1.손을 티눈 위에 얹고 티눈과 각질이 떨어져 나가고 그 자리에 건강한 조직이 형성될 것을 명한다.
68	발 오리발 (Duck Feet)	발이 심하게 바깥쪽으로 향하는 것.	1.유전귀신을 내쫓는다. 2."골반일"을 하면서 골반 뼈가 안쪽으로 돌아갈 것과, 엉치, 다리, 발이 정상 위치로 돌라감으로 완전히 치유될 것을 명한다.

69	방광염	방광의 염증. 원인은 신장염증이 요로를 따라 방광에 전달됨.	1.방광의 염증이 심하면 여자는 오줌소태(소변빈번), 남자는 전립선염증이 될 수 있으니 방광염이 깨끗이 되기를 명한다. 2.소변 빈번상태가 치유되고 전립선도 깨끗이 치유 명한다.
70	방광결석	방광에 돌이 맺힘. 신장결석보다 훨씬 크게 형성됨.	1.방광의 결석이 가루가 되어 소변과 함께 깨끗이 빠져나가게 명한다. 2.방광결석으로 인한 재반 합병증세까지 깨끗이 치유되기를 명한다.
71	백혈병 (Leukemia)	일종의 혈액암.	1.죽음의 귀신을 내쫓는다. 2.혈액 암증세와 암세포가 깨끗이 사라지고 백혈병 깨끗이 고쳐질 것을 명한다. 3.혈액순환이 잘되고 혈액이 맑아지게 명한다.
72	변비 (Constipation)	소장에 숙변이 모여 변비가 됨. 원인은 심장기능이 약한 것과 식생활문제로 생김.	1."골반일" "다리가 자라게 하는 일"을 하면서 소장기능이 정상화되고 숙변이 깨끗이 빠져나가기를 명한다. 2.심장의 기능이 회복되고 적당량의 수분을 섭취하여 변비가 깨끗이 고쳐지게 명한다.

73	부신 (Adrenal Glands)	콩팥 가까이 위치하는 내분비선으로 호르몬을 만들고 몸에 필요한 공격 에너지를 만듦.	1.콩팥(신장) 부위에 손을 얹고 부신이 기능이 정상화될 것을 명한다.
74	부인병 (Female Problems)	여성의 생식기관에 생기는 이상 증세. 생리통, 생리 전증후군, 자궁 이상, 냉대하증 등.	1.아랫배에 손을 얹고 자궁, 난소, 나팔관 등 여성 생식기관의 통증이나, 염증이나 질병은 깨끗이 치유되기를 명한다. 2.모든 상처 난 조직이나 손상 입은 부위는 회복되고 치유될지어다고 명한다 3.여성의 생리 현상이 정상이 되고 시원하게 회복되기를 명한다.
75	부인병 자궁종양 (암이 아닌 종양)	자궁의 양성종양.	1.종양을 유발하는 귀신을 내쫓는다. 2.종양세포가 죽고 분해될 것을 명한다. 3.여성 생식기관의 조직이 정상이 되고 완전 치유되기를 명한다.
76	부인병 자궁암	자궁내의 암종양으로 자궁암. 사망률이 높음.	1.자궁의 암세포가 사라지고 자궁암이 깨끗이 치유되도록 명한다. 2.자궁의 종양이 녹아지고 자궁의 모든 구조 조직이 정상화되기를 명한다.

77	부인병 자궁근종	여성의 자궁과 난소 사이에 위치하나 자궁 쪽에 가까이 생긴 종양. (물혹이라고 함)	1.자궁근종, 종양이 사라지고 생긴 물혹이 간데 없이 사라지고 자궁근종 깨끗이 치유될 것을 명한다.
78	부인병 난소종양	여성의 자궁과 난소 사이에서 난소 쪽에 가까이 생긴 종양. 물혹.	1.난소, 종양, 물혹이 깨끗이 사라지고 난소·종양이 깨끗이 치유될 것을 명한다.
79	불면증 (Insomnia)	잠을 잘 수 없는 병.	1.하나님의 권능으로 평안과 사랑이 임하여 뇌의 수면중추가 정상적으로 작동할 것을 명하고 불면증상태가 깨끗이 치유될 것을 명한다.
80	불임증 (Infertility)	아기 임신이 안 되는 것.	1.자궁, 난소, 나팔관 등 여성생식기관이 건강하고 질병은 치유되고 정상으로 배란이 되고 태반이 튼튼하여 불임증 상태가 치유될지어다 명한다. 2.태문이 열리고 건강한 아기를 임신하게 될 것을 명한다.
81	불치병 (Incurable Diseases)	의사가 치료법을 찾을 수 없는 모든 병.	1.어떤 병에 걸렸든지 질병귀신을 내쫓는다. 2.몸의 질병이 치유되고 건강한 몸이 될 것을 명한다.

82	비 만 (Obesity)	지나치게 체중이 많이 나가는 상태.	1.손을 머리에 얹고 식욕조절중추가 정상으로 조절되어 음식을 조절하여 섭취하고 체중이 알맞고 건강한 범위로 돌아갈 것을 명한다. 2.비만증 정상으로 살이 내리고 치료되기를 명한다.
83	빈 혈 (Anemia)	적혈구가 정상치 이하로 감소되어 몸에 피가 모자람.	1.골수가 치유될 것과 정상량의 건강한 적혈구가 만들어질 것을 명한다. 2.심장에서 좋은 피를 정상적으로 생산하기를 명한다.
84	악성빈혈 (Anemia ernicious)	소화기계통이 비타민 영양을 흡수하지 못해서 생기는 빈혈증.	1.소화기계통, 위장, 간, 쓸개, 췌장, 십이지장, 소장, 대장 등이 정상적 기능회복으로 비타민 영양을 정상 흡수하도록 명한다. 2.악성 빈혈증세가 고쳐지도록 명한다.
85	신경과민 (신경쇠약)	공포, 불만	1.머리에 손을 얹고 공포와 불안귀신을 내쫓는다. 2.마음에 하나님의 평강이 임하고 신경계통이 정상화되게 명한다.
86	심장병 (Heart)	심장에 관계되는 모든 병.	1.몸 안에 새로운 심장이 기적적으로 소생되고 심장기능이 100%회복되게 명한다. 2.심장에 모든 기능이 정상화되고 생겨진 모든 질병이 깨끗이 치유되기를 명한다.

87	사마귀 (Warts)		1.사마귀의 씨앗과 뿌리를 저주한다. 2.사마귀가 말라 떨어지도록 명한다. 3.사마귀가 떨어질 때까지 사마귀를 만지며 "예수님 감사합니다" 하게 한다.
88	생리통 (Menstrual Pan)		부인병 부분참조.
89	설사 (Diarrhea)	원인은 대장염. 대장염은 심장기능이 원인임.	1."종합적인 일"을 한다. 2.소화기계통의 질병이 치유되고 신경성대장염이 깨끗이 고쳐짐으로 설사증세가 치유될 것을 명한다.
90	성 병 (Venereal Disease)	성관계나 혈액으로 전염되는 질병. 임질, 매독, 에이즈, 성기 수포진 등.	1.병이 죄악된 행위로 전염되었다면 회개하게 하고 다시는 성범죄를 되풀이하지 않을 것을 하나님 앞에 약속했는지를 확인하고 기도한다. 2.감염된 성병균을 꾸짖는다. 3.성병이 치유될 것과 피가 깨끗하고 맑게 될 것과 창조의 기적을 명한다. 4.에이즈환자는 면역세계가 정상적으로 회복될 것을 명한다.
91	성장발육 부진 (Retardation)	정상적으로 발육 성장하지 못하는 것. 뇌 손상이나 타 질병에 의한 것.	1.유전귀신을 쫓아낸다. 2.마리에 손을 얹고 정상적인 재능을 가진 새로운 뇌가 생길 것을 명한다. 3.정상적으로 발육 성장할 것을 명한다.

92	소아바미 (소아경풍) (Polio Poliomyelit is)	어린아이 소아마비는 어른의 중풍증과 같음.	1.소아마비 귀신을 쫓아낸다. 2."종합적인 일"을 하며 척추에 창조 기적이 일어날 것과 척추에 손상된 신경, 근육, 인대, 조직이 치유되기를 명한다. 3.소아마비 마비증이 풀리고 정상화로 고쳐지게 명한다.
93	습진 (Exzema)	피부병	1.습진귀신을 쫓아낸다. 2.염증이 사라지고 병을 저주한다. 3.손상된 피부조직 피부를 만드는 세포들이 대신 채워져서 피부의 구조와 기능과 감촉이 정상화로 회복되게 명한다.
94	식욕 과다증 (Bulmia)	과도하게 과식을 해도 만족할 줄 모르는 식욕을 가진 것.	1.탐식 귀신을 내쫓는다. 2.식욕조절중추가 정상적으로 재조절되기를 명한다. 3.식욕 과다증을 깨끗이 치유되기를 명한다.
95	신경성 식욕 간퇴증 (Amorexia Nervosa)	식사에 이상이 생김. 식욕이 없어 실제로 굶어버리는 증세.	1.음식 거부와 식욕부진 감퇴 귀신을 내쫓는다. 2.뇌의 식욕 조절 충추가 조절되어 정상적인 식욕이 생길 것을 명한다.

96	안면 신경마비 (와사증) (Bel's Palsy)	한쪽의 안면신경의 마비 손상으로 반대쪽으로 입이 돌아감. 안면 쪽이 처짐.	1.안면신경마비를 일으키는 귀신을 내쫓는다. 2.안면의 신경이 양쪽이 동일하게 통하고 통증이 사라지고 얼굴 신경들이 완전히 재생되고 회복되기를 명한다. 3.얼굴에 통풍이 되고 와사증 상태가 정상으로 돌아오게 명한다.
97	알레르기 (Allergies)	이물질에 대한 인체의 거부반응. 건초열, 약물작용, 음식 알레르기 등이 있음.	1.유전과 알레르기 귀신을 내쫓는다. 2.면역 체계가 정상으로 돌아오며 모든 조직과 장기가 정상으로 치유되고 기능이 정상으로 돌아오게 명한다.
98	알쯔하이 머병 (Alzhemer's Disease)	원인 불명의 병으로 기억 및 사고력의 상실. 뇌의 퇴화를 가져옴.	1.알쯔하이머병과 유전 귀신을 내쫓는다. 2.창조의 기적으로 뇌가 새로이 만들어질 것을 명한다.
99	암 (Cancer)	몸 전체 부위 부위에 따라 종양, 임파종, 악성종양이 생김.	1.암 귀신을 묶어 내쫓는다. 2.암의 씨, 뿌리, 암세포들을 저주하여 깨끗이 없어질 것을 명한다. 3.몸 속의 모든 암세포가 죽고 암이 고쳐지기를 명한다.

100	야뇨증 (Bed Wetting)	방광의 소변문이 힘이 없어 다시 닫히지 않는 상태. 소변이 모이기전 저절로 흘러나오는 상태.	1.야뇨증환자의 대부분은 한쪽 다리가 짧으니 "다리가 자라게 하는일"을 하면서 골반 엉치뼈를 조정하고 방광의 이상이, 방광문의 수축작용이 정상화되기를 명한다.
101	심한 여드름 (Acne Severe)	다반성 피부 감염으로 피부 피지선의 과잉활동 때문에 생김.	1.감염을 꾸짖고 저주하고 그것이 사라지도록 명한다. 2.유전 귀신을 내쫓는다. 3.피부의 털구멍들이 열리고 피지선의 분비작용이 정상화되어 심한 여드름이 깨끗이 고쳐질 것을 명한다.
102	우울증 (Depression)		"정신질환" 부분 참조.
103	위 (Stomach) 위암.	위 내의 종양	1.위암귀신을 몰아낸다. 2.위암세포가 죽어지고 위종양, 염증이 사라지고 위암이 깨끗이 치료될 것을 명한다.
104	위 소화불량	위 자체의 소화력 부족 상태도 있지만 대개는 위 자체에는 병이 없고 간 쓸개의 담즙 분비가 안 되어 소화불량됨.	1.위 자체의 질병이 치유되고 소화력이 강해지도록 명한다. 2.간 쓸개에서 담즙 생산이 원활하고 간, 쓸개 기능이 회복됨으로 위장의 음식물을 분해, 소화시키도록 명한다.

112	잇몸질환 (Gum Disease)	치아를 둘러싸고 있는 조직의 질환.	1.잇몸에 감염을 꾸짖어 쫓아낸다. 2.턱뼈에 손을 얹고 구강조직이 치유될 것을 명한다.
113	요통 (허리디스크)	허리 요추의 통증.	1.척추요추관절이 정상이 되고 인대연골이 정상으로 돌아가고 통증이 사라지고 요통, 허리디스크가 깨끗이 치유되도록 명한다.
114	자궁 내막염 (Endomet -riosis)	여성생식기내에 종양이나 조직이 생긴 것. 생리시에 통증이 심함.	1."골반일"을 하면서 여성 성기인 자궁의 기능이 정상화되게 명한다. 2."다리가 자라게 하는 일"을 한다. 3.불필요한 조직이 분해되어 사라지고 내막염이 깨끗이 고쳐지기를 명한다.
115	자폐증 (Autism)	평소 말 없고 타인과 접촉을 피하고 행동이 이상한 아이를 말함.	1.자폐증 귀신을 쫓아낸다. 2.뇌가 정상 활동을 하며 신경조직이 완전 회복되게 명한다.
116	저혈압	혈압치수가 정상보다 낮은 것.	1.심장의 기능이 회복되어 혈압을 조절하는 기능이 원활해져서 저혈압상태가 치유되기를 명한다. 2.저혈압상태가 혈압이 정상으로 오르게 명한다.

112	잇몸질환 (Gum Disease)	치아를 둘러싸고 있는 조직의 질환.	1.잇몸에 감염을 꾸짖어 쫓아낸다. 2.턱뼈에 손을 얹고 구강조직이 치유될 것을 명한다.
113	요통 (허리디스크)	허리 요추의 통증.	1.척추요추관절이 정상이 되고 인대연골이 정상으로 돌아가고 통증이 사라지고 요통, 허리디스크가 깨끗이 치유되도록 명한다.
114	자궁 내막염 (Endomet -riosis)	여성생식기내에 종양이나 조직이 생긴 것. 생리시에 통증이 심함.	1."골반일"을 하면서 여성 성기인 자궁의 기능이 정상화되게 명한다. 2."다리가 자라게 하는 일"을 한다. 3.불필요한 조직이 분해되어 사라지고 내막염이 깨끗이 고쳐지기를 명한다.
115	자폐증 (Autism)	평소 말 없고 타인과 접촉을 피하고 행동이 이상한 아이를 말함.	1.자폐증 귀신을 쫓아낸다. 2.뇌가 정상 활동을 하며 신경조직이 완전 회복되게 명한다.
116	저혈압	혈압치수가 정상보다 낮은 것.	1.심장의 기능이 회복되어 혈압을 조절하는 기능이 원활해져서 저혈압상태가 치유되기를 명한다. 2.저혈압상태가 혈압이 정상으로 오르게 명한다.

117	저혈당증 (Aypoglycemia)	비정상적인 낮은 혈압 상태. 초기 당뇨병 증세로 나타남.	1.유전성 저혈당증의 귀신을 내쫓는다. 2.새로운 췌장이 정상혈당치를 만들어낼 것을 명한다.
118	전립선 이상 (Prostate Trouble)	남성생식선 둘레 근육의 비대상태 혹은 염증상태, 소변불편.	1.전립선의 위치는 배꼽 아래 방광 밑이니 그 부위에 손을 얹고 전립선 비대 상태나 전립선 염증이 깨끗이 치유되도록 명한다. 2."골반일"을 하며 전립선이 정상크기로 줄어들고 그 기능이 정상화되어 소변 통로가 막히지 않도록 치유 명령한다.
119	정맥류 (Varicose Vens)	비정상적으로 팽창된 정맥을 막하며 보통 다리에 생김.	1.유전귀신을 쫓는다. 2."다리가 자라게 하는 일"을 하면서 혈관벽이 튼튼해지고 기능이 정상화되며 막힌 것이 제거되고 혈액이 정상적으로 심장에 다시 흘러 들어가게 될 것을 명한다.
120	정신질환 (Mental Illness)	정신이상증.	1.귀신이 나갈 것을 명한다. 2.새로운 뇌가 생길 것을 명한다. 3.정신질환 증세가 치유되기를 명한다.

121	좌골 신경통 (Sciatica)	허리디스크의 영향으로 좌골이 비뚤어지면서 척추에서 다리로 뻗어있는 큰 신경선이 압박을 받아 통증이 생김.	1.허리디스크 좌골신경통이 "골반일"을 하면서 치유되기를 명한다. 2.비뚤어진 좌골이 정상으로 돌아오고 척추에서 다리로 통하는 신경선이 정상으로 통하고 통증이 사라지고 치유되기를 명한다.
122	중독 (Addiction)	알코올, 담배, 약물 등 중독상태.	1.중독으로부터 해방되기를 원하는지를 물어보고 구원받기를 기도한다. 2.알코올, 담배, 약물 등 중독귀신을 내쫓는다., 3.육신이 치유되고 알코올, 담배, 약물 등에 대한 욕구가 없어지기를 명한다.
123	중증 근육무력증 (Thenia Gravis)	수위근이 약하여 그 근육이 빨리 피곤해짐.	1.중증근육무력증 귀신을 내쫓는다. 2."종합적인 일"을 하면서 근육의 신경수용체가 치유되고 기능이 정상화되게 명한다.
124	직장열 (Fissore Rectal)	직장의 갈라진 틈. 찢어진 틈.	1.얼굴의 뺨(반사지점)을 두 손으로 가볍게 두드리며 직장의 찢어진 상처가 원상 복귀되고 열이 내리고 깨끗이 치유되기를 명한다.

125	직장염	대장의 과민성대장염이 직장에 내려와 직장염이 되고 이는 항문에 치질을 유발시킴.	1.직장의 염증이 사라지고 항문의 치질증세가 깨끗이 고쳐지기를 명한다. 2.직장염이 예수 이름으로 치유 명한다.
126	중풍증 (Stroke)	뇌졸증과 같음.	"뇌졸증" 부분 참조.
127	차멀미 (Motion Sickness)		1.귀속의 운동이 적절히 조절되기를 명하고 머리에 손을 얹고 뇌에 평강을 명한다. 2.차멀미 상태가 고쳐지기를 명한다.
128	척추 척만증 (Scoliosis)	척추가 비정상적으로 굽어짐.	1.척추 만곡증 귀신을 내쫓는다. 2."종합적인 일"을 하면서 등뼈와 늑골 그리고 몸을 받쳐주는 구조들이 즉시 조절될 것을 명한다.
129	천식 (Asthma)	기관지의 염증과 짙은 가래. 허파에 이상이 생겨 목에서 그르렁거리며 숨가쁜 증세가 생겨 연속된 기침을 하게 됨.	1.천식 귀신을 쫓아낸다. 2."목일"을 하며 "팔이 자라게 하는 일"을 하며 기관지에 염증이 짙은 가래가 사라지고 호흡이 정상화되고 허파에 이상증세가 치유되기를 명한다. 3.천식기침이 멈추고 치유를 명한다.

130	체중감소 (Weigt Loss)		1.의사의 진단으로 원인을 찾아서 체중감소의 원인치료가 될 것을 명한다. 2.식욕조절중추가 정상으로 조절되고 몸이 정상체중으로 조정되게 명한다.
131	축농증 (Sinus Problems)	코 안에 심한 염증으로 화농 콧물이 나오고 냄새가 나고 코가 막힘. 비후성 비염의 악화.	1.손을 코 위에 얹고 감염을 꾸짖고 알레르기를 저주하는 기도를 한다. 2.코 양쪽에 두 손 엄지손가락을 대고 축농증 염증이 사라지고 막힌 코가 열리고 깨끗이 치유되게 명한다.
132	치아 기형치아 (Crooked)		1.유전 귀신을 내쫓는다. 2.턱이 조절되고 치아가 정상으로 배열되고 기형치아가 치료되기를 명한다.
133	치아 우식증 (Decay)		1.치아우식증을 저주한다. 2.창조의 기적으로 치아가 회복되고 완벽한 법랑질층으로 덮어지고 치아우석증 상태가 치유되기를 명한다.

134	치아 이를 가는 증세 (Grinding)	보통 잠이 든 상태에 일어남 .	1."목일"과 "팔이 자나게 하는 일"을 하면서 긴장된 신경이 풀어질 것을 명한다. 2.그리스도의 마음을 품도록 기도하고 이를 가는 비정상적 행동이 정상적인 것으로 바꾸어지게 기도한다.
135	치질 (Hemorrhoids)	직장염으로 치질이 됨. 직장염으로 항문의 혈관이 확장되어 상처가 나고 피가 남.	1.대장의 반사부위인 두 뺨을 두 손으로 가볍게 두드리며 치질이 치료되기를 명한다. 2.확장된 직장이나 항문의 혈관이 축소되고 그 기능이 정상이 되어 항문의 통증과 출혈이 그치게 되도록 명한다.
136	칸디다증 (Candida)	여성의 질 점막에 곰팡이균이 침범하여 감염 일으킴. 당분 섭취로 악화됨 (질 가려움증)	1.감염을 꾸짖는다. 2.신체조직이 정상이 되고 감염된 질 점막이 염증이 사라지고 깨끗이 치료되기를 명한다. 3.질 부위에 신경과 근육이 이완되고 정상이 될 것을 명한다.
137	코 (Nose)	코의 형태가 잘못되거나 코뼈가 부러진 증상.	1.두 손 엄지손가락을 코 양쪽에 얹고 콧등을 따라 내려가며 코가 똑바르게 되고 구조물이 재생되며 그 기능이 정상화되기를 명한다.

138	콜레스테롤과다증	음식에 지방질이 과다함.	1.체내에 콜레스테롤 수치가 정상으로 돌아오고 몸에 적당량만 남아 있기를 명한다. 2.동맥이나 심장 등 손상가능 부위가 정상이 되기를 명한다.
139	콩팥(신장) (Kidneys) 신장염	콩팥에 염증이 생겨 소변이 완전히 빠져나가지 못하고 요독이 몸에 퍼짐. 몸의 얼굴, 손, 발이 붓는다.	1.신장의 염증이 사라지고 신장의 기능이 정상화되어 소변과 노폐물을 즉시 배출하기를 명한다. 2.몸 안에 퍼진 요독이 모두 빠져나가고 몸이 붓는 증세가 고쳐지도록 명한다.
140	콩팥 신부전증 (Kidney Failure)	신장에서 빠져나가지 못한 요독이 심장으로 통하는 가슴 부분의 혈관이 막혀 심근경색이 되며 사망하기도 함.	1.신장의 염증이 사라지고 신장 기능이 정상이 되고 신장의 질병이 고쳐지도록 요독이 몸에 퍼지지 않게 명한다. 2.이미 몸에 퍼진 요독이 깨끗이 빠져나가고 신부전증이 깨끗이 치유되기를 명한다.
141	콩팥 신장결석 (Kindney Stones)	신장에 돌이 생김.	1.신장에 결석이 녹아 없어지고 통증이 사라질 것을 명한다. 2.신장결석으로 인해 생긴 신장과 모든 부위에 손상된 조직들이 치유되기를 명한다. 3.신장결석이 완전히 부셔져서 가루가 되어 소변 따라 빠져나가게 명한다.

142	탈장 (Hernias)	내장이 복부, 사타구니, 여성의 질, 항문, 배꼽 등으로 불룩이 흘러내림.	1.탈장 부위에 손을 얹고 치료를 명한다. 2.모든 골격, 근육, 신경, 인대가 적절히 조정되어 제 기능을 발휘하여 탈장증세가 고쳐지기를 기도함.
143	파킨슨씨병 (Parkinson's Disease)	뇌세포의 퇴화로서 몸이 떨리는 증세가 동반된 뇌성마비 증세.	1.파킨슨씨병 귀신을 쫓아낸다. 2."목일"을 하면서 기능이 정상적인 새로운 뇌와 신경조직이 만들어질 것을 명한다. 3.병에 걸린 다른 모든 부위가 정상으로 치유되고 몸이 떨리는 증세도 치유 명한다.
144	팔과 손	팔과 손의 이상감각. 손 저림. 신경통통증. 원인은 목의 이상.	1."팔이 자라게 하는 일" "목일"을 하면서 목 디스크, 척추이상이 정열되고 신경이 정상구조와 기능으로 회복될 것을 명한다. 2.심장의 기능이 정상화되고 팔과 손에 혈액순환이 잘되어 손 저림도 치유되기를 명한다.
145	편도선염 (Tonsilitis)		1.편도선, 갑상선, 임파선, 기관지, 후두 등 목 부분의 이상은 원인이 심장에 있으니 심장기능이 더 강화되도록 명하고 편도선 염증이 사라지고 질병이 고쳐지기를 명한다.

146	편두통 (Migraine)	쪽머리 통증.	"두통" 부분 참조.
147	편타성상해 Whiplash)	보통 차 사고 등 충격으로 생김.	1."종합적인 일"을 한다. 2.디스크, 척추, 신경선, 인대, 연골, 근육 등 상처받은 곳은 치유될 것을 명한다.
148	평형감각상실 (Balnace- Loss of)		1.평형감각 상실을 가져온 그 원인을 알아(사고후유증, 감염, 질병 등) 그것을 꾸짖으며 치유를 명한다. 2.귓속에 평형중추가 정상으로 치유될 것과 측두골이 제 위치로 돌아갈 것을 명한다.
149	피부염 (Dermatitis)	피부의 염증	1.감염과 가려움을 꾸짖는다. 2.피부를 만드는 세포가 건강한 새 조직을 만들 것을 명한다. 3.피부의 이상은 소장에 원인이 될 수도 있으니 소장에 변비가 치유되고 피부의 혈액순환이 잘되고 피부염이 치유되기를 명한다.

150	풍치	바람이(치아)라 하는데 혈액순환장애, 신경선이 잘 통하지 않아서 생김.	1.면봉에 식소-다 가루를 발라 풍치로 통증이 있는 부위에 두고 꽉 물고 있으면 5분 안에 진통이 된다. 2.두 손을 양 볼에 얹고 치아의 풍치상태가 깨끗이 치유되기를 명한다.
151	현기증 (Vertigo)	머리가 어지러움.	1.머리, 귀에 손을 얹고 머리에 평형감각이 회복될 것을 명한다. 2.머리를 어지럽게 하는 현기증 귀신을 내쫓고 치유될 것을 명한다. 3.머리에 통증과 혈액순환촉진을 위해 머리 백회혈을 가볍게 몇 번 두드리며 치유기도를 한다.
152	혈압이상 (Blood Pressure Problems)	혈압이상의 원인은 심장에서 혈압조절기능이 약한 것. 다른 질병이 원인이므로 혈압 이상이 올 수도 있음.	1.심장의 질병이 치유되고 심장기능 중 혈압조절 기능이 소생되기를 명한다. 2."목일"과 "팔이 자라는 일"을 하면서 근육과 신경이 정상화되며 혈액순환이 원활할 것을 명한다. 3.혈압이 정상으로 치유되도록 기도한다. 4.머리뒷부분 풍문혈에 약간 지압을 하며 치유기도를 한다.

153	혹 (Lumps)	몸에 나타나는 모든 비정상적인 성장. '	1.혹의 중심 핵과 뿌리와 그 근원을 저주하며 꾸짖는다. 2.손을 환부에 얹고 혹 덩어리가 녹아 없어지도록 명한다. 3.모든 조직들이 정상으로 치유되기를 명한다.
154	혼수상태 (Coma)	질병이나 심한 외상에 의해 의식이 불분명해지는 것.	1.죽음의 귀신을 내쫓는다. 2.머리에 손을 얹고 뇌가 정상으로 치유될 것과 손상된 모든 뇌 조직이 소생될 것을 명한다. 3.몸 전체와 모든 장기가 정상으로 작동하고 의식이 돌아오도록 명한다.
155	홍역 (Measles)		"감염"부분 참조.
156	활액낭염증 (Bursitis)	뼈와 관련된 힘줄이나 근육의 운동을 원활하게 해주는 체액낭의 염증.	1.활액낭염증 귀신을 내쫓는다. 2.환부에 손을 얹고 모든 염증과 통증이 사라지고 모든 조직이 치유되고 정상적인 체액이 분비되어 관절을 움직일 때 통증이 없도록 명한다.

참 고 서 적

(번역서적)

- Benny Hinn. 「성령님의 기름부으심」. 안준호 역. 서울:열린책들.1984

- C. Peter Wagner. 「제3의 물결」. 정운교 역. 인천:(주)나눔터,1994.

- Fransis Mac Nutt. 「치유의 능력」. 조원길 역. 서울:전망사,1979.

(국내서적)

- 김낙형, 「의학과 신유」,현대목회, 1982.

- 오성춘, 「성령과 목회 」,서울:장신대 출판부,1991.

- 박남선, 「신유에대한 기독교적 이해」,풀빛목회, 1987.

- 김광일, 「기독교는 정말 병을 고치나?」,마당, 1981.

- 김동수, 「성령운동의 제3의 물결」,서울:예찬사, 1992.

- 조용기, 「병을 짊어지신 예수님」,서울:영산출판사, 1976.

- 조 현, 「성경이 말하는 귀신 쫓는 방법」,할렐루야 서원, 1988.

- 이원박, 「영성개발 그 이론과 실제」,서울 새생명교회 출판부, 1991.

- 조무남, 「치유목회」,서울:나단출판사, 1993.

- 오명근, 「치유목회학」, 서울: 도서출판 반딧불, 1995.
- 손영구, 「신유의 이해」, 서울: 기독교 문서선교회, 1991.
- 황의영, 「목회 상담 원리」, 서울: 생명의 말씀사, 1994.
- 박형렬, 「통전적 치유목회학」, 서울: 도서출판 치유, 1994.
- 박형렬, 「전인치유사역」, 서울: 도서출판 나임, 1993.
- 김기동, 「내가 체험한 그리스도의 신유와기적」, 도서출판 배뢰아, 1988.
- 전해룡, 「기적을 낳는교회」, 서울: 일맥사, 1985.
- 김용호, 「치유사역」, 서울: 나침판사, 1993.
- 이희영, 「건간진단 소프트」, 서울: 한국자료 정보사. 1994.
- 이성훈, 「내적치유」, 서울: 도서출판 은혜문화사, 1993.
- 김재진, 「치료하는 하나님」, 대구: 도서출판 아베스, 1991.
- 박정렬, 「영성신학」, 서울: 새순출판사, 1988.
- 오희영, 「평신도와 은사개발」, 서울: 도서출판 벧엘사, 1990.
- 조용기, 「성령제5집」, 서울: 순복음 교육연구소, 1989.
- 박기백, 「폴 투니어의 치유방법론」, 풀빛목회, 1987.
- 박정근, 「오순절 진리를 변증함」, 서울: 백영사, 1970.
- 박정렬, 「성령의 은사들」, 서울: 국제성경통신학교, 1985.

성령치유 목회

2004년 1월 9일 1판1쇄 발행
2006년 5월 10일 1판2쇄 발행
2009년 9월 15일 1판3쇄 발행
지은이 오 명 근
발행자 심 혁 창
발행처 **도서출판 한글**
서울특별시 서대문구 북아현동221-7
☎ 02) 363-0301 / 영업부 02-362-3536
FAX 02) 362-8635
E-mail : simsazang@hanmail.net
등록 1980. 2. 20 제312-1980-000009

IN GOD WE TRUST

정가 15,000원

ISBN 978-89-7073-074-5-93230